U0021882

買房，也買自由

小資族的財富翻身之路

Tody 陶迪

———— 著

目錄

目
錄

前言

　　買房作為一個人生重要的夢想，或許每個人的理由都不太一樣，有人為了不再受房東的氣、有人為了老後生活的安全感鋪路、有人為了享受裝潢的成就感、有人為了成家的安定感。除了感性的理由，也有人兼顧理性，視買房為資產配置的手段、用以對抗通膨的工具。

　　但無論買房的原因出於感性還是理性，我想內心深層都脫不開對於「自由」的渴望。透過擁有一間屬於自己的房子，實現人際界線的自由、實現獨立自主的自由、實現生活場域選擇的自由、實現財務上的經濟自由。

　　但與此同時，不買房的理由，也是出於「自由」，害怕被房貸綁架三十年而失去財務上的自由、害怕必須犧牲生活品質的自由。

這裡出現了矛盾的地方：想買房因為渴望財務自由，不想買房也因為渴望財務自由。所以本書想帶大家探討的，是買房究竟會使人失去自由、還是實現自由？又或者，其實有不相衝突的兩全辦法？

或許因為我的本業從事租房生活服務，我對於房產的思考，一直是「租」、「買」並進，這並非是只能二擇一的單選題。如果我想解決的是居住問題，我會先比較這個地區的租金和房貸負擔，來探討「性價比」，去決定此時應該租還是買比較划算。而當我想擁有一間房產，我並不全然以「自住」為思考出發，而是以理性的投資報酬率分析，來決定是否應該作為資產配置的選項。

四十不惑之年，我身邊年齡相近的朋友逐步進入在租房和買房之間抉擇的年紀，然而在高房價地區，每每看了幾回就打退堂鼓，我問道：「為什麼不去買其他地區的房子？價格便宜很多，選擇多了很多，為何非得執著於買不下手的地區？」回答都是：「我就住這邊啊！幹嘛去買其他地方的房子，又不能住！」

問題的癥結就在於此：「為什麼買房非得自住？」「為什麼不能自住的房子就不能買？」

目前我名下擁有幾間房子，但是依然住在租來的房子裡。理由很單純，買房是為了替自己二十年後打造堅實的經濟基礎，是基於實現資產增長的目的，而不是為了解決居住問題。因為若只是要滿足自住需求，租房就可以解決，在我工作的台北市，一樣的月負擔

比之下，租房還比買房能獲得更好的生活品質。

買房其實是一個理財行為，當我們討論頭期款、房貸是否可負擔，都是回到財務問題。所以如果想要買房，絕不能迴避討論自身的財務狀況，甚至需要探索更深一層的「金錢價值觀」，去釐清我們對於買房的渴望或是害怕，究竟從何而來？

從小到大，我父母的理財觀就是「省錢」，所以我對於花錢一直存在著罪惡感，也帶著這樣的焦慮，一直到工作很多年以後。35歲那年，我決心要改變，終於開始學習理財，金錢價值觀自此有了天翻地覆的變化，我開始掌控金錢，而不再是被金錢掌控。也隨著創業的過程，學會用公司財務管理的角度，來管理自己個人的財務。兩年後，我買下人生第一間房，並逐漸擺脫了對金錢的焦慮，慢慢實現著心目中理想生活的樣貌。

如果可以，我希望天下父母不要再灌輸孩子「省錢」的觀念，而是教他們怎麼正確的「花錢」。天底下你不會聽到哪一個有錢人是靠「省」，省成有錢人的，而是靠「賺」錢的技能，再加上理財的自律，才成就了財富。

今天當一個孩子說想要買什麼東西，不應該告訴他：「太貴了，我們買不起。」而是要告訴他：「這很貴，你知道要怎麼樣才買得起嗎？」然後教導他最基礎的理財知識，讓他知道怎麼樣才可以得到想要的東西。我沒有孩子，或許說教育經沒什麼說服力，不過我有一個朋友，他 10 歲的孩子想要買一台電腦，於是他讓他寫一份

企劃書來提案，分析利弊得失，說服父母為什麼要讓他買這台電腦，以及買了以後，他將如何善用，來讓這個禮物值得。

我非常敬佩擁有這般智慧的朋友，如果讓孩子從小就知道所有你所追求的夢想，都必須拿出相應的行動與方法來達成，凡事有所求都必須付出相應的代價，也知道如何用腦和行動來得到一切想望，我們就不會害怕談論金錢，也不會對金錢如此感到罪惡與焦慮。而要能夠擁有這樣的智慧教導下一代，必然是我們自身就具備充足而正確的理財知識，或許已經為人父母的你，也都還在為金錢掙扎。但看看我，35 歲後才喚醒的財務智商，想改變永遠不嫌晚。

父母遺留的債務可以拋棄，貧窮思維卻會繼承。或許你和 35歲以前的我一樣，沒有意識到自己對於金錢的價值觀承襲自父母，父母看待金錢的方式，將深深影響未來幾十年你看待世界的方式。如果你想改變，只有靠自己的學習，來彌補先天的不足。培養出獨立的財務思考能力，並適當地與家人劃出財務界線，只有如此，才不會複製上一代的用錢習慣，甚至是複製上一代的人生。

如果已經長大成人的你，和我一樣，來自一個無法使你在金錢上感到安全的家庭，這本書我將與你分享我的財務覺醒，這些年來我在理財路上的磕磕絆絆，像是神農嘗百草般的試錯，最後整理出自己的投資理財心法，開竅只是一瞬間，一個觀念的扭轉，人生就會變得完全不同。

我曾經是一間 800 人企業的營運長，那是我在職場一路奮力往

上爬的人生高峰，但自己都感到不解的是，我竟然還是沒有存下什麼錢。我拼了命的聽父母的話努力找到一份好工作，努力爭取加薪，我跳槽來跳槽去，卻始終沒有跳出金錢焦慮的枷鎖，不管賺多少錢，我都無法看到財富的增加，因為總覺得自己上班很辛苦，為了慰勞自己，我花很多錢出國旅遊、穿新衣吃美食，專注在滿足物質的慾望，來填補過勞的工作對身心的傷害，以至於我不曾思考建立資產，也以為投資基金股票就是理財，但總因為臨時急需用錢，買了又賣、賣了又買，最後都是曇花一現，什麼都沒留下。

直到離職自己創業，我反而看清了金錢的本質，而漸漸淡忘對於物質的追求，我開始學會分辨資產和耗材，學會只把錢花在能夠產生投資回報的地方，學會創造多元收入的重要，學會集中火力放大本金，而不是盲目存錢製造理財的假象。

這本書講的是如何買房，我卻花很大的篇幅在說理財，因為原本以為自己一輩子買不起房的我，是在財務覺醒之後短短兩年內就買了房的。我想說的是，買不買得了房，是跟財務智商有關，收入多少不是絕對。我希望正在閱讀這本書的你，可以因為觀念的扭轉，理解買房其實沒有你以為的困難，又或者，現在還買不起的你，該如何制定清晰的目標，來達成買房成就解鎖，這一切，都從看待金錢的心態開始。

如果你想買房，是基於投資目的，那麼這本書將和你分享我如何透過房產的資產配置，來為自己將來的退休生活打造堅固的基

石，用我從事包租業的視角，分析如何挑選投資報酬率高的物件，什麼樣的房子才能確保出租不敗，職業包租人士的實戰經驗總結一定能幫助你少走彎路。

這本書寫給想買房但不知道如何開始的你、正準備買房但怕踩雷的你、也給正在考慮是否該以房產來對抗通膨的你，希望每一位對金錢感到焦慮、或者單純對房產有興趣的人，都能在我細細分享的每個篇幅裡，獲得一些啟發。

在我的第一本著作《不買房當房東》中，聊的是我如何在高房價的雙北市用輕資產包租的模式來創業，打造出我的第一桶金。而這本書要談的，則是在房產投資領域，如何靈活運用輕資產、重資產的並進思考，來判斷何時應該租房、何時應該買房。不買房當房東賺的是現金流、買房當房東賺的是增值，兩者可以兼容並蓄。

這本書也試圖為高房價尋找解方，提出「移居生活」的可能。一場疫情，讓大家體驗到了遠距工作的好處，而我作為「移動工作」的提倡者，嘗試帶著大家一起思考，離開高房價地區，是否還能找到理想生活的線索。

這本書，我想帶著你，一起探討如何透過買房實現三種自由的可能：

地理上的自由——不被居住地點禁錮，從而對於房產的思考擁有更多彈性。

財務上的自由——如何用縝密的財務計算，一步一步實現財富

增長，並了解如何從財務的角度來挑選房子，進而使買房成為資產養成的助力，不讓房貸變成人生夢想的阻力。

心態上的自由——當我們對於買房的思考跳脫地理上、財務上的束縛，不必被居住地點限制生活的選擇、也不必為了房貸感到焦慮，實現理想生活也就不遠了。

現在，就讓我從理財角度出發，和你分享我對房產投資的思考，探索移居自由的可能，以及如何從思想的蛻變開始，成為「買得起房」的人！

陶迪

Chapter

買房之前
先理財

我是在 35 歲才開始培養自己的財務智商，在這之前的十多年工作歲月中，我也曾經以為這輩子買不起房，直到改變了用錢習慣，只是短短兩年的財務覺醒，我便在 37 歲買下人生第一間房子。

　　所以當你說買不起房之前，不妨先檢視自己的用錢習慣。像我這樣沒有爸媽資助，僅靠自己能力買房的人，其實也和現在的你一樣，或許曾經是個月光族，或許在職場與生活一路跌跌撞撞，才慢慢懂得理財，慢慢掌握變得富足的訣竅。這個路程，有人只花了五年，有人則要十年，甚至歷經數十年才擁有人生第一間房的，也大有人在。

　　房子是我們一生中買過最貴的商品，不可能舒服又輕鬆地取得。如果你現在年近 30 歲，還沒有買房，沒有關係的，不需要心急。在這樣的年紀，買房本就不該是你追求的目標。如果你現在年近 40 歲，還沒有買房，接下來的內容將能為你帶來一些啟發。

　　比買房更重要的，是「學習賺錢的技能」，這才能為你接下來的幾十年打造堅固的基石，在未來任何一個時刻，都

不會為金錢感到焦慮，接下來，買房就只是必經的過程。

　　如果你現在沒有存款，生活也過得辛苦，你該做的不是存錢，而是勇敢投資自己，去學習任何可以增加收入的技能。當你掌握了賺錢的訣竅，再開始學習理財。理財是有錢人的事，沒錢哪來的財可以理？

　　不要迷信學習「投資」可以發財。白手起家的有錢人都是建立了穩定的實業來創造收入的，等到生活品質隨著財富的累積獲得實質改善，開始有了餘錢，才進行投資。投資只是為了保本，不讓通膨侵蝕本金。你必須理解，靠著踏實的工作來創造現金流才是致富的第一步，理財是生活富足之後的第二步，投資才是有錢之後所做的第三步。

　　先賺錢、後理財、再投資，才是正確的金錢養成三步驟。在告訴你如何買得起房之前，這一章我想先和你分享，怎麼建立自己的財務體檢表，讓自己的財務體質形成正向循環，接下來就會清晰地看到，買房之路並不遙遠，只要你按部就班，夢想就會加速實現。

1.

比買房更重要的事

　　有一個很有趣的現象：想學「投資買房」的人，通常口袋裡是沒有錢的。因為沒有錢的人，最想知道怎麼靠買房變有錢。

　　買房是「有錢的結果」，怎麼會是原因呢？以為學會買房就能變有錢，是倒果為因。

　　世界上應該沒有幾位富豪是靠買房致富的。富豪有錢，是因為他創建了一個能夠不停創造現金流收入的事業，再拿賺到的錢去買房。有錢人投資股票、房產，只是為了讓財富不縮水，是為了保本，讓現金能夠對抗通膨，所以他們買房，也絕不會在短期間賣來賣去，而是長期持有。

　　大家都認為巴菲特是靠投資致富的，卻忽略了他是透過經營波克夏公司而賺錢。他其實是在管理實業，本質是一間企業的老闆，

本事是讓這間公司賺大錢，進而讓自己的身價水漲船高。他和特斯拉創辦人馬斯克一樣，經營賺錢的企業，可不是只靠散戶型的個人投資致富。

以前我也上過一些投資房產的課，在課程上見到不少年輕的臉孔，大概是進入職場只有兩、三年的年紀。當時我很羨慕他們在這麼年輕的時候就了解投資理財的重要，心想如果我也在這麼年輕時就有自覺，現在的財富積累一定不只這樣。

然而現在的我卻替他們感到憂心。因為當你在本質上並沒有具備賺錢的技能時，就急著想要變有錢，是非常危險的事，會病急亂投醫，會因為急躁而變得眼高手低，於是變得越來越不能適應職場生活，不能耐著性子去學習那些需要花費長時間才能看見成效的工夫，只想要賺快錢。

我曾經在自己公司裡一位年輕的夥伴身上，看到了這樣的心態。我看到他日以繼夜地想要在工作的本業以外，嘗試透過各種新鮮卻充滿冒險的投機手法賺到更多錢，像是炒作加密貨幣、大量買賣 NFT、短線炒股。不要誤會，我不反對持有加密資產，這裡指的是玩槓桿、玩合約等短期高風險操作。我沒有問他投資成效，卻逐漸看到這樣的投機心態將一個原本勤懇實幹的年輕人給摧毀。他變得沒有耐心處理任何一件不能馬上看見成效的工作，面對任何新專案，都將能否立即帶來收入的實質增長放在第一位考量。如果不能，便顯得意興闌珊，甚至消極怠惰。於是我忍痛讓他離開，而當

時的他也並不理解自己是如何因為急躁，變成了眼高手低的人。

有時候我會在臉書的買房社團裡，看到二十幾歲剛畢業沒多久的社會新鮮人，問道：「我想買房，請問如何開始？」

我的第一間房子，是在 37 歲時買的，跟一些同儕比起來，並不算早。但是我也幾乎想不出身邊有誰是在二十幾歲就買房，爸媽出錢的除外。

房子本來就會是我們一生中買過最貴的商品，而這樣昂貴的東西，不是任何人都能不費力氣輕易取得的。它是我們歷經數年，甚至是數十年努力工作賺錢才能得到的獎勵。在二十幾歲的青春年華中，我們應該把人生目標放在增進自己賺錢的技能，不是急著投資，也不是急著買房，在太年輕的時候背負沉重的房貸，只會扼殺所有的人生夢想，讓你不敢嘗試任何值得冒險的事，連離職都不敢，更別說熱血一把地創業了。

所以學習買房前要先學的是賺錢還有理財能力，如何把手上的資本從零變成 200 萬元。如果連從月光族到存足 200 萬元這一段的財務智商都沒有，那些如何看實價登錄、看謄本、看破仲介手腳等等的技術性問題，完全跟你沒有關係，學這樣的買房課毫無意義。

學習賺錢的本事，才能讓你有底氣長期持有資產，不會因為遭遇突如其來的風險，收入中斷，就被迫鋌而走險去投機。在股市、房市炒短線或許可以讓你看似賺到一些小錢，但長期來看，財富的累積絕對沒有持續擁有資產的人來得多！

沒錢的人不該存錢！
別再迷信六個帳戶理財法

　　如果你認為自己買不起房，可能只是因為還沒有學習到正確的理財知識。但也有另一種完全相反的類型，就是明明很有錢，卻不知道該怎麼花。就像我身邊幾位手握 500 萬元，甚至 1 千萬元現金的朋友，對於自己可以買多少錢的房子，完全沒有概念。他們的問題不在於買不起，而是有錢卻不知道該怎麼花。

　　所以，並不是有錢人就一定知道怎麼買房怎麼花錢，不管你有錢沒錢，都需要學習財務知識。如果你是沒錢一族，重點是增加賺錢的能力；如果你有錢卻不知道怎麼花，重點則是學習怎麼守財。理財也是需要因材施教的，不能一體適用。

　　因此，我非常不認同傳統理財觀念一味地教人「開源節流」。開源還是節流，要根據個人情況而定。若是叫一個每個月收入只能

勉強糊口的人節流，他能節到什麼流？想辦法不讓水乾涸就萬幸了！而日進斗金的人需要人教他怎麼開源賺錢嗎？應該是要知道正確的花錢觀念，才能守住錢。

有個知名的理財方法叫「六個帳戶法」，我戲稱它為六個罐罐。意思是將賺來的錢立刻分到不同的罐罐裡，才不會花掉。這六個罐罐分別是生活費、娛樂費、教育費、長期存款、投資，還有樂捐費。

那麼我問你：如果一個月的收入只有 3 萬元，生活費就佔去快 2 萬元，這應該是一個在外租房生活的人最低限度的生活開銷了，那麼剩下的錢，再按各 10% 分散到其它五個罐罐，請問每個罐罐還剩下多少錢？

答案是每個罐罐不到 1 千元。

有一天，你因為工作需要，必須換一台筆電，打開屬於「長期存款」的罐罐，發現裡面辛苦存了幾年只有 2 萬元，這時你會怎麼做呢？

A：買筆電的事再緩一下，等這個罐罐裡的錢存夠了才能買。

B：打開其他四個罐罐，看看能湊出多少，超過 4 萬元，耶！可以買電腦了。

你的答案是哪一個？

如果選 A，導致工作效率不佳，結局很大機率是你的收入無法提升，日子變得越來越辛苦，存錢的速度卻越來越慢。你的第一個生活費罐罐永遠月光，其它罐罐的存錢速度則不斷遞減，你離成為有錢人之路變得更加遙遠，也變得比以前更不快樂。

選 B，恭喜你，你的答案和 90% 的人一樣，但這個時候我就要反問了：「既然你遲早都要打破其它罐罐，那當初分一堆罐罐到底是在幹嘛？」

發現盲點了嗎？這個理財方法看似很有道理，實際執行卻違反天性。任何違反天性的方法，一定會讓你無法長久執行，這麼一來，就等於是無效的，只是讓你覺得自己「有在理財」的安慰劑。

再說說「記帳」方法。

所有理財的第一課都會告訴你：「要養成記帳的習慣，把你花的每一分錢，都如實地記錄下來。」

我試過，下載了記帳 APP，連續六個月的時間裡，我在每天睡前努力回想今天花的每一塊錢去了哪裡，仔細做分類，然後看著那個大餅圖，皺著眉回想上個月的娛樂費比例為什麼這麼高，我是做了什麼；交通費怎麼比上個月更多，我今天要搭公車回家。有時候上班時間忽然想起昨天忘記把購物袋的 2 元記上去了，趕緊又拿出手機加了一筆。

六個月之後，我的人生並沒有任何改變，我還是坐在這裡，上這該死的班。但是我每天卻因為這個記帳 APP 變得很焦慮，神經

兮兮的，只因為帳面差了 1 元對不上。

年過 40 歲的我，很想告訴當時 30 歲的自己：拋棄任何令你覺得痛苦的理財方式吧，因為這並不持久，還會讓你產生憂鬱傾向，而你的人生並不會因此變得更有錢。

變有錢的祕訣是：絕不要吝嗇投資自己學習新的技能。

所以沒有錢的你，不要存錢！要盡情地把錢投入在任何能夠增加你賺錢能力的事物上。如果升級電腦設備能夠提升你的工作效率，讓你有機會接更多案子，那麼你應該當機立斷買下去，哪怕要借錢。如果多學了一樣程式語言能夠讓你在下一份工作得到更好的薪水，就應該毫不猶豫積極進修。更重要的是，一定要讓這些錢花得物超所值，讓花費儘可能屬於「投資」而不是消耗。

存錢是有錢人的事，不是窮人的事。

開源絕對比節流更重要，**沒有人會因為「很會省錢」而變成富豪，擁有「獲得能力的能力」，才能讓你擁有一顆有錢人的腦袋，越來越有錢。**

3

買房不是人生終點，
財富自由才是

　　想變有錢，就得弄清楚怎麼讓存款變多。沒錢的時候，學習賺錢的技巧比理財重要，但當你的收入開始逐漸增加，接下來要做的，就是怎麼把資產放大。我對於傳統理財法，像是六個帳戶、流水式記帳法都不買單，接下來我要分享的，絕對比理財老師教你的更加受用。

　　首先你需要知道：盲目存錢絕不會變有錢。

　　六個帳戶理財法，其實就是讓你無腦地盲目存錢，因為你根本**不知道目的地到底在哪裡**。當你不知道目的地，就只能像個瞎子般亂竄，頂多達成中期目標，為了存到買一台筆電的錢、為了存到出國的旅費、為了買一間房，這些都是人生當中的中期目標，即使是買房，都只是人生的一個過程，絕不是終點。難道買了一間房，就

可以退休養老了嗎？當然不是，接下來你要煩惱的是貸款能不能輕鬆還？什麼時候還完？什麼時候可以不再工作？怎麼樣才可以靠被動收入安穩過日子？

人生追求的財務終點，是財富自由，也就是不再依靠主動收入，也可以安心過著理想的生活，可以不必因為收入問題，被迫做著自己不喜歡的工作，這才是我們追求財務富足的目標。

所以我們應該先設定財富自由的終極目標，也就是「**需要多少退休金**」，再倒推回來，為了實現這個長期目標，我的中期、短期目標是什麼，才能按部就班一步步實現。

在計算退休金之前，我們必須先了解「通膨」的威力。通貨膨脹，就是讓你同樣的一筆錢，購買力越來越低的縮小燈，每年都在吃掉你的錢。

假設每年通膨率都在 3%，意思就是，今年賣 100 元的東西，到了明年會漲成 103 元，到了後年就變成 106 元。也可以反過來說，如果我不想辦法賺更多錢，手上的 100 元到了明年，實質購買力就只剩下 97 元，可以買到的東西一年比一年少。不知道你是否聽說過，三十年前，100 萬元可以買下忠孝東路上的一間房子。但是現在，100 萬元能買什麼呢？不用我說了吧！所以，當我們想要知道二十年、三十年後，還能不能過著跟現在一樣的生活品質，甚至更好，那麼在計算退休金的時候，一定要把通膨的變數計算進去。

🏠 未來的購買力加計通膨計算表

（本章表格均可在 P295 的「表格下載區」掃描 QR Code 下載，於黃色框內填入數字，即可自動計算出未來維持相同購買力所需的金額。）

通膨計算		
現在的	40,000	元
按通膨率	3	%
在幾年後	20	年
需要變成	72,244	元，才能維持一樣的購買力。

我給大家的表格，已經設定好計算公式，在「未來的購買力加計通膨計算表」中，假設現在每月 40,000 元的生活品質是讓你覺得舒服的，你希望二十年後退休也可以有這樣的生活品質，那麼把這二十年每年 3% 的通膨考慮進去之後就會知道，事實上二十年後我想要有像現在一樣 40,000 元的購買力，需要的是 72,244 元。40,000 元是遠遠不夠的，這就是通膨的威力。

聽起來也許很嚇人，但這也是為何有許多人存到了 1 千萬，就以為可以安心退休，沒想到燒錢的速度遠比想象中快，退休沒幾年

就發現錢不夠用，通膨是我們在做投資理財時絕對不能忽視的一隻巨獸。

理解了通膨的威力，接下來才能算出相對準確的退休金。到底需要多少退休金才夠，千萬不能用猜的。在設定變項的過程中，你很可能會發現：「哇！每月要有 4 萬元的生活品質，現在開始每月要存 3 萬 8 千多元，而且還是必須拿去投資在年投報率有 5% 以上的金融產品，這也太難了！」沒錯，財富自由本來就沒那麼容易，但這個時候你的腦袋會越來越清晰，在設定目標的時候才不會脫離現實。

退休金測算表中的「退休後每月所需費用」已經把通膨考慮進去，所以你只要以現階段設想的生活品質來寫出金額就可以了，通膨以 3% 計算的話，這裡如果填寫 40,000，已經代表二十年後 72,244 元的購買力。

🏠 退休金測算表

（本章表格均可在 P295 的「表格下載區」掃描 QR Code 下載，於黃色框內填入數字，即可自動計算出活到 100 歲的退休準備金及每月投入金額。）

抗通膨退休金計算	
通貨膨漲率	3%
投資報酬率	5%
退休後每月所需費用	40,000
預計退休年齡	60
目前年齡	30
已有退休準備金	0
活到 100 歲的退休準備金	3,220 萬
每月投入金額	38,689 元

* 填入黃色框內數字，其他自動計算

　　你可以試著調整幾項變數，降低自己的目標，慢慢找到自己有信心能夠達成的數字。例如，降低自己每月 4 萬元的生活品質目標，先試試看 3 萬元？這時你會發現，你的每月存錢目標降下來了，只要 2 萬 9 千多元。

· 降低退休後每月所需費用對退休金的影響 ·

抗通膨退休金計算	
通貨膨漲率	3%
投資報酬率	5%
退休後每月所需費用	30,000
預計退休年齡	60
目前年齡	30
已有退休準備金	0
活到 100 歲的退休準備金	2,415 萬
每月投入金額	29,017 元

* 填入黃色框內數字，其他自動計算

　　接下來，可以再嘗試提高投資的報酬率，如果我可以找到年報酬率 6% 的投資產品呢？

· 調高投資報酬率對退休金的影響 ·

抗通膨退休金計算	
通貨膨漲率	3%
投資報酬率	6%
退休後每月所需費用	30,000
預計退休年齡	60
目前年齡	30
已有退休準備金	0
活到 100 歲的退休準備金	2,049 萬
每月投入金額	20,394 元

* 填入黃色框內數字，其他自動計算

　　每月需要存的錢又降了下來！現在只需要 2 萬元左右了。這裡提出投資報酬率的觀念，是要提醒大家，在通膨成為常態的時代，千萬不能讓存款只是在銀行裡躺著不動！利息沒有通膨高，也就意味著錢躺在那裡就算有微薄的利息，你的資產還是一年比一年縮水！至於你問要投資什麼才可以有投報率 5%、6% 以上，這就要靠自己做功課，這裡討論的是心態和觀念。

　　我們還可以調整預計退休的年齡，來看看越早退休，對於需要的存款的影響。但這裡你會發現一件非常有趣的事，按照常理，越早退休，需要的退休金應該是要越多的。實際套入公式之後卻看到，其他變項相同的時候，45 歲退休所需要的退休金，竟然比 60 歲退休還要少！

・60 歲退休・

抗通膨退休金計算	
通貨膨漲率	3%
投資報酬率	5%
退休後每月所需費用	30,000
預計退休年齡	60
目前年齡	30
已有退休準備金	0
活到 100 歲的退休準備金	2,415 萬
每月投入金額	29,017 元

・45 歲退休・

抗通膨退休金計算	
通貨膨漲率	3%
投資報酬率	5%
退休後每月所需費用	30,000
預計退休年齡	45
目前年齡	30
已有退休準備金	0
活到 100 歲的退休準備金	1,885 萬
每月投入金額	70,540 元

買房，也買自由

其實這也是通膨在作祟，因為當你 45 歲時的 1,885 萬，是比你 60 歲時的 1,885 萬還要大的，45 歲時的 1,885 萬實際購買力可能跟 60 歲的 2,415 萬差不多，所以雖然數字看起來比較小，購買力卻沒有比較低。因此我們不能被帳面上的數字給騙了。實際上你想越早退休，每月的存款壓力就會比較大，提前十五年退休，每月存款壓力就從 2 萬 9 千多元跳到了 7 萬多元。

有了這個退休金測算表，我們就可以非常清晰的知道為了達成退休的終極目標，究竟要付出什麼代價，以及可以採取哪些行動來達成目標，就不會盲目的焦慮！我不能說算完之後會覺得沒有壓力，但這個壓力是讓你有明確的目標可以追尋，也能夠制定策略，是非常務實的。

至於為什麼是算到 100 歲，以現代人的長壽來講，活到 80、90 歲已經是常態，你總不會希望退休金只算到 90 歲，結果一不小心活太久，接下來的餘生都生不如死吧！

有了退休金測算的概念，下一篇，我們來談怎麼制定策略，一步一步向財富自由靠近。

4.

三張表讓你看清
財富自由之路

想變有錢的理財心法很簡單：把自己當成一間公司來經營。

一間公司的財務怎麼做帳，我們就用這樣的邏輯套到個人身上。公司如果不會做帳，不會控制成本，不會分辨「投資」還是「購買耗材」，一定會倒閉。放在個人，如果不會看自己的現金流向，不知道怎麼正確花錢，就算會賺錢，也守不住。

也許你聽過企業有三大報表，分別是資產負債表、現金流量表和損益表。應用在個人財務上，我們需要的是「資產負債表」和「現金流量表」，同時我也把表格簡化了，讓它變得容易執行並且邏輯更好理解，不必完全像公司財報那樣複雜。

別忘了搭配上一篇的「退休金測算表」，用來估算想要在退休之後舒服地活到100歲，需要多少退休金，而為了這個退休金目標，

從現在開始，每個月該存多少錢。這個退休金數字，就是終極的財富自由目標，我們一切的財務報表，都要朝著這個數字而去，為了達到這個財務目標而努力。

🏠 資產負債表

「資產負債表」顧名思義可以讓你看到現在擁有的「資產」還有「負債」是多少，資債相抵，就是你的「身價」。例如，當你名下沒車沒房沒股票，只有錢包裡的 5 千元和存款 1 萬元，然後你還欠朋友 5 千元，那麼簡單講，你現在的身價就只有 1 萬元。

在下頁我設計的表格中可以清楚看到，左邊欄都屬於資產，右邊則是負債。

個人版資產負債表 (此為範例，內容不代表真實性)

種類	項目	台幣金額	比例	種類	項目	台幣金額	比例
2023/5/31							
現金		137,306	0.89%	信貸		300,000	2.26%
	新光	24,360			花旗	300,000	
	中信	33,456					
	台新	76,590					
	庫存現金	2,900					
外幣		42,367	0.27%	車貸		1,000,000	7.52%
	中信外美金	28,800			小白車	1,000,000	
	台銀外美金	13,567					
定存		100,000	0.65%	房貸		12,000,000	90.23%
	郵局	100,000			我的家	12,000,000	
加密貨幣			0.00%	卡債			0.00%
	比特幣						
	以太幣						
股票		181,000	1.17%				
	元大 0050	138,000					
	富邦台 50	43,000					
保險			0.00%	總負債		13,300,000	100.00%
房地產		15,000,000	97.02%				
	我的家	15,000,000	97.02%				
總資產		15,460,673	100.00%	淨值		2,160,673	

目標淨值要達到退休金測算的「活到 100 歲的退休準備金」

（本章表格均可在 P295 的「表格下載區」掃描 QR Code 下載）

所謂資產，包括現金、存款、加密貨幣、股票、保險、房地產，但不包括車子。雖然在會計上來說，車子、辦公用品都屬於能夠變賣的設備，應屬於資產，但我還是建議，把它當成奢侈品，畢竟車子不像房子會隨著時間增值，只會隨著時間貶值，這樣的東西我不會稱它為資產。但如果你認為它具有殘值，可以賣錢，或者要說 LV、愛馬仕那些名牌包也是資產，蘋果電腦、手機設備都是資產，我也不會反駁，但這會變得有點無限上綱，而且給自己更多敗家的理由，我不建議想要變有錢的你這樣做。

　　資產要呈現的都是「現值」，也就是這個東西「現在值多少錢」，而不是買入時的價格。例如一間房子當初買 800 萬元，幾年後看了一下實價登錄，發現市值應該是 1 千萬元了，那麼在資產負債表上，就該更新為 1 千萬元；同理，當你每月按時繳付房貸，每年的房貸也應該越變越少，那麼在房貸負債中，也應該逐年調整數字，才可以真實地反應你的身價。

　　在開始製作自己的資產負債表之前，**需要先將你的資產進行一次「盤點」**。登入所有的網銀帳戶，看看裡面有多少錢。打開股票交易 APP，看看持有的股票現在價值多少。也許第一次的盤點，你會發現自己的身價慘不忍睹，沒關係，如果你身價不凡，也不需要做這張表了，製作財務報表的目的，就是要看到它隨著你的努力逐漸豐厚，享受那種成就感。

　　資產負債表每年更新一次就可以。因為資產和負債通常不會在

短期內劇烈變動，除非你每天大量炒股、炒加密貨幣，身價天天坐雲霄飛車，否則正常來說，不需要天天更新。資產負債表只是讓我們每年回顧，過去一年自己的努力是否讓身價變得更高。正向的財務體質，是要擁有越來越多資產，同時讓負債越來越少。

不過，負債並不全然是壞事，我們要能夠分辨「好債」和「壞債」，懂得適時借錢，用來投資自己學習，或者創業、擴大事業，用借來的錢幫助自己賺更多錢，只要你還得起，這樣的債，就是好債。例如低利率時代，有些人善用已經繳完房貸的房子，再去增貸現金出來創業，或者把現金投入能夠創造平均年投報率 5% 以上的定存股，這時就算貸款利息要償還 2%，也還是賺錢。這樣的債就屬於好債。但是如果你不懂得運用槓桿投資理財，還是保守一點，不要亂借錢投資，畢竟投資沒有保證不會賠錢。

我們要避免的壞債，是將借來的錢拿去吃喝玩樂花掉，無法創造更多收入的借款，或是利息不合理的高利貸。所以像是「卡債」，這種高利息的借款形式，就應該避免。卡債的利息大多高達 15% 以上，幾乎可以說是「合法的高利貸」，你的負債會像雪球一樣越滾越大，也會拉低你在銀行的信用分數。卡債是最不應該出現在資產負債表上的，每一期的信用卡費，都務必準時繳納，而且要選擇「一次繳清」，只繳最低應繳金額也會拉低信用分數。

資產負債表最終的目標，是要讓身價淨值達到足以在沒有收入之後還能繼續活到 100 歲，也就是等於上一篇計算出來的「**活到**

100 歲的退休準備金」。隨著資產越來越多，負債越來越少，無債一身輕還擁有足夠的退休金，就是實現真正的「財富自由」了。

而身價淨值因為包含不動產，假設住在房貸已經還完的房子裡，但若沒有其他存款或收入來支持生活費，也是有可能變成「窮得只剩下房子」。所以身價淨值追求零負債是一個目標，等到屆於退休年齡，則每個人會再視自己的生活需求將資產再做一次退休規劃。例如有些人會選擇把已經繳完房貸的房子賣掉，用換來的現金作為生活費，居住在養老村裡。也有人會選擇保留房子自住，但是「以房養老」，將房子抵押給銀行來換取額外的退休生活費。又或者即使住在房貸還沒還完的房子裡，但是被動收入足以支持付完房貸後還有足夠的生活費，也是一種生活型態。

因此，我們的目標是至少擁有一間自住的房子來支持退休生活，但是否要住在裡面，還是變現，房貸是否要急著付完，則取決於自己追求的生活方式。

每年更新資產負債表，隨著身價的漲跌，還要記得同步調整自己的退休金存錢目標，例如某一年因為股票大跌，價值縮水，那麼在下一年，就需要調整投資策略來彌補虧損，每月要用於存退休金的投資金額就要變得高一些，所有的理財決策要動態調整，保持彈性。

🏠 現金流量表

	2023-06	2023-07	2023-08	2023-09	2023-10	2023-11	2023-12
A. 收入							
薪資收入	46,000	46,000	46,000	46,000	46,000	46,000	46,000
信貸融資		300,000					
副業收入				**120,000**	40,000	40,000	40,000
收入小計 (A)	46,000	346,000	46,000	166,000	86,000	86,000	86,000

	2023-06	2023-07	2023-08	2023-09	2023-10	2023-11	2023-12
B. 生活支出							
現金提領	10,000	10,000	10,000	10,000	10,000	10,000	10,000
信用卡	10,000	10,000	10,000	10,000	10,000	10,000	10,000
生活支出小計 (B)	20,000	20,000	20,000	20,000	20,000	20,000	20,000

	2023-06	2023-07	2023-08	2023-09	2023-10	2023-11	2023-12
C. 固定支出							
租金支出	15,000	15,000	15,000	0	0	0	0
房屋貸款支出							
信用卡固定 / 分期支出	1,000	1,000	1,000	1,000	1,000	1,000	1,000
孝親費	5,000	5,000	5,000	5,000	5,000	5,000	5,000
固定支出小計 (C)	21,000	21,000	21,000	6,000	6,000	6,000	6,000

	2023-06	2023-07	2023-08	2023-09	2023-10	2023-11	2023-12
基本生活支出總計	41,000	41,000	41,000	26,000	26,000	26,000	26,000

	2023-06	2023-07	2023-08	2023-09	2023-10	2023-11	2023-12
D. 投資支出							
副業支出			84,000	220,000	28,000	28,000	28,000
信貸還款				5,391	5,391	5,391	5,391
投資支出 小計 (D)		0	84,000	225,391	33,391	33,391	33,391
自由現金流 （A-B-C-D）	5,000	221,000	220,391	106,609	26,609	26,609	26,609
累積自由現金	5,000	226,000	5,609	112,218	138,827	165,436	192,045
是否達到半年 生活費水位？	X	X	X	X	X	O	O

(本章表格均可在 P295 的「表格下載區」掃描 QR Code 下載)

現金流量表是一切理財的基礎，這張表的目的是讓你「**預測未來某個時間點，手上的現金是否會短缺**」，所以它看似是在記帳，其實是在做**風險管控**。它和 APP 記流水帳效果完全不一樣，流水帳只是讓你不斷想要省錢，讓你焦慮，卻沒有目標跟方向。現金流量表卻能讓你清楚知道錢的流向，並且可以設定清晰的存錢目標，還有需要的時間。

現金流量表是要每月更新的，也最好是在固定的時間，例如每月月初，或是每月月底，誤差幾天沒有關係，但是時間最好要相近的原因是，有許多支出的時間是固定的，在大筆支出的前後時間，你的現金庫存量會有很大的差異，所以最好在每月相近的時間來更新表格。此外，建議一次抓一年為時間軸來做表，時間越短，面對風險時可反應的時間也越短；但時間越久，則變數越大，情況越會失真。附圖表格因為版面有限，只列出半年，你可以自己再增加延伸。

前面提到，現金流就是收入和支出。只要流進戶頭的錢，都叫收入；反之，從戶頭流出去的錢，都叫支出。而這張表的目標是要看到存款不斷增加，也就是「**累積自由現金**」不停增長。

那麼按照直覺，想要增加存款，邏輯應該是「收入不斷增加」，「支出不斷降低」，對吧？

不完全正確！有些支出，可以幫助我們加快存錢的速度，所以它是必要的花費。一個正向的現金流量表，我們要看到的是「**能夠**

帶來盈利的支出增加」，不會帶來盈利的支出降低，才是有機會實現財富倍增的健康財報，因此我們要儘可能提高「投資支出」。

　　舉例來說，一間工廠如果想要增加營收，那麼它很可能需要升級設備，或者添購新的機器來擴大產能，才能實現營收增長。所以，把錢花在「添購設備」就屬於投資支出，這個錢花下去可以預期能夠帶來更多的利潤報酬，所以這樣的支出就不應該省。

　　相同的道理也可以放在股票上，如果一間上市公司整天都在發放股利，卻沒有看到投入任何資金研發，表示這間公司已經沒有創新能量了，只想守成，不見得是好事。台積電，大家都知道它不是一支以高股利聞名的股票，它不是很賺錢嗎？為什麼不多發一點股利？原因就在它每年在研發和投資擴廠上投入非常高的資金，所以雖然非常賺錢，但是大部分都拿去再投資。長遠來看，它是在為公司的永續發展鋪路，打造更有競爭力的體質，這樣的公司即使沒多少股利，大家也會願意持有它的股票，就是所謂的「績優股」。

　　那麼你個人呢？要成為一支有競爭力的績優股，就要願意砸錢投資自己的實力，增加自己賺錢的技能，並且願意花錢在能夠帶來更多收入的投資上。對於奢侈品、耗材，那些不會增加收入的花費，要儘可能地降低慾望，例如家裡的裝潢、名牌服飾、昂貴的名車等，這樣才是一個健康的財務體質。

　　是的，作為一個本業就是從事老房翻修的人，我反而非常不贊成花大錢在自己家中的裝潢，因為自住房本身就是奢侈品，裝潢更

是有去無回的耗材。而我花錢裝修出租給別人的房子，能為我帶來租金收益，這樣的裝潢費屬於投資，才值得花！

因此現金流量表中，分為一收入、三支出：A 收入、B 生活支出、C 固定支出、D 投資支出。

A 收入：

只要是流進你戶頭的錢，我們都先定義為收入，就算是借來的錢也一樣。因為現金流量表的目的是要反應現金水位的變化，讓你可以為接下來的開銷做輕重緩急的分配，所以不管是否為經常性收入，或是剛好這個月申請了一筆信貸撥款下來，甚至是兩年前借給朋友錢，現在他還錢了，都要反應在現金流量表的收入上。

B 生活支出：

不會帶來盈利的支出，我又將它分為兩種，變動性和固定性的。生活支出屬於變動性的，每個月的花費不一定會一樣；而固定性的，也就是較可預測的，我把它分類在下一項的 C 固定支出。

在變動性的生活支出中，主要又分成現金和信用卡兩種支出形式。在前面的篇幅中，我提到一般流水式的記帳法為了計較每一分錢用在哪裡，會讓你變得焦慮而無法持續。所以在這裡，我使用的方法是：「放在錢包裡的錢，就是生活支出。」你不需要記錄買麵包花了 40 元、一杯手搖飲花了 60 元，因為會拿出來用現金支付的

這類小額開銷，最後都是歸類在「不會帶來財富的日常支出」，斤斤計較每一塊錢實際買了什麼，是沒有意義的，你不會因為知道了是吃太多麵包還是喝太多咖啡就變有錢，真的不會。你只要記得，日常的吃喝、交通，這類會從錢包裡拿出現金支付的，就是同一類的生活支出。

我也建議大家儘量減少現金形式的支付，使用 Line Pay、Apple Pay 之類的數位支付，並且儘量集中綁定同一張信用卡，這樣的好處是它會自動幫你生成帳單明細，你每月對帳一目了然，根本不需要自己記帳！是不是感覺人生輕鬆很多呢？

時代在進步，記帳方式也要學會更聰明，你要把腦袋花在思考增加收入的方法，不是拘泥於記帳的形式。記帳的重點是要定期回顧、即時調整，就像寫筆記一樣，如果只記錄卻沒有下一步，也是沒有效果的。

儘量使用信用卡，也能同時把你的銀行信用養起來，一舉兩得。如果你只是擔心自己亂花錢所以只用現金過活，不去使用信用卡，將來買房時，申請貸款會碰到很大的困難，因為銀行沒有你的信用紀錄，也就無法評估你的還款條件，所以千萬不要害怕使用信用卡！重要的是養成良好的還款習慣。

C 固定支出：

指的是房租、貸款、信用卡分期付款、孝親費等不會隨時變動

的支出，因為具有可預測性，所以可以按月在表上事先填入，支出的形式越固定，越容易精準預測現金水位。但現實生活本來就有許多不可預測性，就算有變動也沒關係，只要手動更新即可。更新表格的動作其實也是讓自己更加了解錢都花到哪裡去了的過程，漸漸地你就會越來越敏銳，知道自己用的錢都流向哪裡、這個月在哪個部分的開銷偏高，慢慢就能形成自律的用錢習慣，這也是製作現金流量表的目的之一。

這裡的房屋貸款支出，指的是「自住」的房子。房子買來以後自己住，這時繳交的房貸屬於生活費裡的固定支出。但如果房子買來以後是「出租」，有租金收入，那就不一樣了，這時買房屬於「投資」，所以出租的房子，房貸支出則不應列在生活成本，而該列在下面的「投資支出」中。

注意這裡的「信用卡分期付款」指的是我們消費時，在商家刷卡時就出現的分期選項，並不是等銀行出帳單給你之後，你再選擇將卡費分期付款。前者不會影響你的信用分數，後者是會的。但前者最好也只有在無息的情況下，才考慮分期支付。

D 投資支出：

我在本章的一開始就強調，金錢養成三步驟是先賺錢、後理財、再投資，先培養賺錢的技能，有了存款才能理財，有閒錢了才能投資。不過這裡的投資支出，比較偏向為了增加賺錢技能的支

出，而非有了閒錢再進行的保本投資。

以存股為例，很多人誤以為把錢拿去存股就能變有錢，事實上存股是在存退休金，這個叫做保本投資，是為了讓賺來的錢不要變薄，但它不會讓你現在就變有錢。存股創造的被動收入，是要在退休之後才能兌現的，而且需要夠長的時間，才會對你的財務有明顯影響，除非你的本金超大。如果你現在沒錢，要做的投資是要在相對短的時間內放大資本，通常也意味著需要更多勞力的投入，來增加實質收入。當存款還不足以支撐起能夠隨時對抗風險的生活，就無腦存股，一旦需要現金，你就會選擇賣掉股票，賠錢是一回事，你的退休金計畫也會因此中斷，根本存不到理想退休金。所以像存股這樣的保本投資，是要在經濟無虞的時候才做，而想變有錢，你要集中火力，先想辦法增加本業與副業的收入。

正向的財務報表要看到的是投資支出的增加，這個投資是要在幾年內創造實質的收入增長。例如經營副業，假設你是設計師，為了額外接案，添購了一台 3D 印表機，這樣的支出，就應該列在投資支出，而不是生活支出或固定支出。或者你為了跑外送而特地添購了一台機車，這也可以列為投資支出。又或者像前面提到的，買來的房子如果是用來出租，那麼這樣的房貸支出也屬於投資支出。

投資支出也可能包括你為了擴張事業去融資借錢以後，每個月要償付的貸款。由於你借款的目的是為了增加收入，所以這筆錢的每月還款，也應視為投資支出。如果借錢目的是出國旅遊、吃喝玩

樂，那麼這些錢的還款當然就不能列為投資支出，而是生活支出。

　　從表格中可以看到舉例，我在 A 收入的地方，2023 年 7 月有一筆收入 30 萬元，是信貸借款，到了 2023 年 8 月開始，我的投資支出出現了每月固定的信貸還款 5,391 元，就是為了償還借來的 30 萬元，而因為我預設這 30 萬元是要拿來投資經營副業的，所以這個還款放在投資支出。

🏠 自由現金流

　　自由現金流的意義是「收入扣掉支出後的餘額」，是可自由運用的，可以當作存款，也可以再繼續轉投資，或者作為買房基金。多久能存到頭期款，就取決於每個月自由現金流的多寡；每個月的房貸負擔能力，也就看自由現金流的數字。

　　所以現金流量表的目標，就是要不斷增加自由現金流，伴隨著「累積自由現金」的增長，也就是存款。不過，這並不是終點，別忘了，在退休金測算表中，要滿足活到 100 歲的退休金目標，你還得把每月的存款拿去做有績效的投資，符合當初設定的 5%、6%，甚至更高的投資報酬率，否則是達不到預期的退休金數字的。

　　當我們累積的自由現金越來越多，也就意味著我們正逐漸把財務體質調往正向發展，你可以自由運用的資金越來越多，也就是「越來越有錢」。但是這個時候要注意，還不到可以揮霍的時候。

在真正變有錢之前，還有幾個階段性目標。

是否達到半年生活費水位

在最下面一欄，出現了「是否達到半年生活費水位」。在決定把自由現金拿去轉投資或者買房之前，最好先確保身邊有足夠的緊急預備金，來應付不可預期的人生意外，例如，突然失業，導致收入中斷。如果你身邊沒有隨時可以輕易調動的現金存款，又同時背負了房貸，說不定會讓你鋌而走險做出極端的事。這種風險是我們在做財務規劃時也需要一併考慮進去的。

所以我們在決定自由現金要做何使用時，得先確保手邊有隨時可以動用的現金存款，最好是**滿足半年以上的生活費**，也就是讓你就算失業半年，也不至於餓死。這是我們調整財務體質的第一個階段性目標，是財務防火牆的第一道防線。

建立多元的副業收入

調整財務體質的第二個階段性目標，是「**建立至少一種副業收入，並使任一副業收入大於或等於基本生活開銷**」，這是建立財務防火牆的第二道防線。

這個目標的意義是，當擁有了足夠的業外收入來支持你的生活，即使遭遇突然的失業，你也無須擔心生活品質受到立即的影響。越多元的收入，越能分散風險，單獨依賴一份薪水收入來過活，

是把人生建立在不可靠的風險之上。有了兩道財務防火牆，我們才能更有餘裕地去實現其他人生夢想。

增加至少一種副業收入，並使任一收入大於或等於基本生活開銷

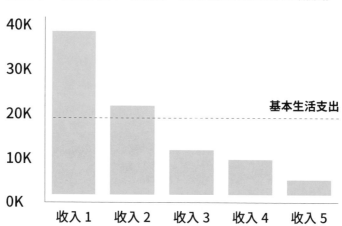

「退休金測算表」、「資產負債表」和「現金流量表」，我歸納為「實現財富自由三張表」，從算出需要多少退休金開始，一步步倒推階段性目標，讓你的財富自由之路變得清晰透明，把退休的模糊夢想落實到具體的數字。

買房其實只是理財的結果之一，從月光、盤點財務體質、理清花錢的優先順序、累積自由現金、創建多元收入，到建立起財務防火牆，經過了這些階段，你就會發現，買房是順水推舟的事，只要你按部就班，遲早會發現生活過得越來越有餘裕，買房的選擇也會越來越多。

5

千萬別說 「我買不起」

　　2021 年房價的兇猛漲幅，應該連平常完全不關心房地產的麻瓜都有感覺。我身邊認識一輩子都沒提過買房的朋友，竟然都開始焦慮了起來，討論著是不是要趕快買房。而網路的買房社團裡，有更多人被那股焦慮洗成「再不買房就一輩子買不起」的恐慌，而這股恐慌又夾雜著怨氣，怪政府、怪建商、怪投資客，都是別人害我買不起房。

　　但當你細細問他：「所以你看過哪些房子？貸款算過了嗎？頭期款還差多少？」卻沒有幾個人答得出來，他只知道「我買不起」。

　　大部分人因為輿論充斥的「買不起房」恐慌，房價一坪從 40 萬漲到 50 萬，那就是一個數字，一個 50 萬元乘以 30 坪等於 1,500 萬的天文數字，但是從不做功課研究這 1,500 萬元究竟是如何分期

攤還？以及對自己現金流的影響？有什麼方式可以減少現金壓力？不足的部分有什麼方法彌補呢？

　　我的一位親戚由於即將成家，在我的鼓勵下才鼓起勇氣去看房子，我幫他的收入和存款做了簡單評估，建議他找多少預算的房子，他一開始半信半疑自己是否真的買得起，在試算完幾間房子的付款條件後，說：「我本來以為自己離頭期款很遠，根本買不起房子。沒想到試算表一拉出來，並沒有我想像中這麼遙遠，再拚一點存多一點，應該一年之內可以買！」

　　另一位朋友告訴我，他存了 500 萬元的現金，準備好了想買房，問我下一步該怎麼辦？房子從哪裡看起？我問：「你的坪數需求多大？總價預算多少？」卻完全沒概念。再問關於貸款，才發現他沒有任何收入證明，他的工作性質是收現金的自營商。他從來不知道，原來貸款是需要看薪資或財力證明的，也不清楚自己每個月能負擔的貸款金額是多少。

　　有人一直以為自己買不起房，但也有人手握現金 500 萬元，月收入 30、40 萬元，卻不知道自己可以買多少錢的房子。

　　以前我曾經認為買房到底有什麼好學的？有錢就可以買啊！現在我發現，還真的有很多人有錢不知道怎麼買、不知道自己有錢買，聽起來很荒謬，卻在我身邊不停上演。

　　買不買得起房子，其實跟收入不一定呈正比，而是與「知識量」有關。

我買第一間房子的時候，從客觀條件來看，任何方面都不具備買房子的條件，自備款不足、沒有固定薪轉，但我還是一一克服了。因為當你真的做足了功課，就會知道在遇到哪些問題的時候，可以透過什麼方式解決。越是願意去學習、了解買房的各種知識，對於自己的財力評估才會越客觀，不會盲目地認為自己一定買不起房。

至於認真算過了，結論還是買不起房的人，我則建議你不要把「我買不起」這句話掛在嘴邊。常常把「我買不起」掛在嘴邊的人，這輩子都不會有錢。

「我有一天買得起」，才是你該給自己的正向思考，然後為自己訂出三年、五年的目標。吸引力法則其實是一種行為科學，在心底埋下一顆種子，接下來人生的每一個選擇才會更靠近目標。看見別人買著自己買不起的房，大罵炒房，對於自身的財務體質一點幫助也沒有，世界不會因為任何人的憤怒而停下來，沒有做好準備的你也不會因為房價跌下來就買得到房。

你也許會擔心「買不起會不會被看不起」，所以害怕看房，總覺得如果被代銷或仲介識破會瞧不起自己。你當然不必告訴對方你究竟買不買得起，但是如果不開始看房，不會感受到自己對擁有一個家的渴望。不認真試算，也不會真的知道究竟自己能否負擔得起。**積極看房但不要心急買房**，在經驗不夠的情況下，看每間樣品屋都會被迷惑，覺得很棒。看得夠多，才會有「這就是最適合我的房子」，還有「這個價格可以買」的直覺！

想知道自己到底能不能買房，最好的心態是勇敢踏出去，站到第一線真實地感受，保持樂觀地規劃自己的財務，制定清晰的目標，並且有紀律地執行，離你的夢想一定會越來越近。

看房不用錢，多看才會變有錢！

6.

買房應該
「先畫靶再射箭」

　　十多年前我還是個小資上班族的時候，薪水 3 萬多元，買房是個遙不可及的夢，只要聽到「一坪 30 幾萬元」，就不敢再多想，倒是焦慮著要怎麼樣才能找到便宜、漂亮又離公司近的租房。看著每個月戶頭裡剩餘的一些錢，心想應該開始學習投資理財，所以跟著同事買股票、定期定額買基金。不到一年的時間，基金大賠 40% 出場，股票也因為聽著別人報的明牌，根本不知道自己買的是什麼，很快也賠本不敢再玩。

　　因為我沒有明確的存錢目標，也不明白每一筆投資對自己財務上的實質意義，所以看起來是在理財，實則是在「亂花錢」。

　　有些人喜歡說「我沒有頭期款」，是因為戶頭沒有存款，所以認為自己買不了房。有趣的是，他們每個月定期定額買股票、買基

金、買儲蓄險。因為買完之後月光，於是聲稱自己沒有存款，卻沒有意識到這些資產都叫存款，可以隨時變現來湊頭期款。

有些人為自己設定的可負擔房貸，是在「不影響舒服的生活品質」之下的閒錢，不能影響每年出國玩、不能影響每月吃大餐，還要先付完車貸，往往最後所剩無幾，所以認為自己買不起房。

你也許不是真的買不起房，只是需要調整花錢的優先順序。因為本金有限，應該「集中火力」來花錢，而不是這裡投一點、那裡試一點，給自己創造投資理財的假象，卻沒有明顯的投資效益。如果買房是你人生重要的成就解鎖，就必須盤點資源，釐清花錢的輕重緩急。

買房不要想著「存到頭期款」才開始規劃，而是要「先畫靶再射箭」，有了假想目標，才有動力規劃存錢、想辦法湊錢。如果要等到手上有了二、三百萬元才看房，反而會因為缺乏明確目標而隨性花錢，存錢之路反而遙遙無期。先了解市場，大量練習看房，知道自己的喜好，培養價格的敏感度，當機會來臨，你才不會錯過。

其實不論是頭期款，還是每個月的房貸，關鍵都在於你每月「還剩多少」，你的用錢習慣決定了買房之路有多遙遠。

常常有人問：「月入 10 萬元可以買多少錢的房子」，或是「薪水 5 萬元可以買房嗎？」其實要回答這類問題，看的是你「**每月花多少？**」月入 10 萬元花 8 萬元，和月入 5 萬元只花 1 萬元，顯然還是賺 5 萬元的人比較有負擔能力。

每月剩多少，在理財角度來說，就是「現金流」的觀念，這是一切理財的基礎。當你釐清了自己每個月有多少的錢流進和流出，就能計算出可以買多少錢的房子，並且規劃頭期款如何取得。能不能買到房子，其實跟財務智商有關，而不是收入高低。不然我們不會看到有人手握 500 萬元的現金卻問可以買多少錢的房子，同時卻有人月薪 3 萬元，靠自己成為有房一族。

　　所以如果你現在一團混亂，不知如何理財，請先耐心讀完這本書，或許會發現，買房沒有你想的這麼困難。

7.

學投資買房？
小心人財兩失

　　市面上有不少投資客背景的老師開設房地產課程，主打的通常是「教你買到比市價便宜的房子」，或「中古屋投資術」。我第一次有買房的想法時，也曾上了好幾位老師的課。

　　不論是哪一位老師，教授中古屋投資術的課程內容，幾乎清一色都是教如何把中古公寓改成分租套房，接下來加價轉賣獲利了結。不過在房地合一稅制之後，短進短出的重稅讓這種投資形式難有獲利空間，所以後來多轉為長期收租。

　　但因為套房裝修的成本非常高，一間 30 坪左右的公寓大約需要 300 萬元的改造費，又加上有 2 ～ 3 成的頭期款，需要的現金量不是一般人可以負擔，於是「合資買房」就變成一種投資風氣。

　　合資買房聽起來很美好，解決了投資門檻太高的問題，每個人

只需要出幾十萬元，就可以參與投資買到一間房。但是別忘了，房子到底登記在誰的名下？設定共同登記牽涉貸款及稅務問題，後續的管理與處分像是出租、出售，也會變得複雜許多，所以通常只會登記在一個人的名下，而不會採共同登記。因此，雖然你出錢買了房子，實際上你卻並不是真的擁有這間房子。

那麼問題來了，這個房子應該登記在誰的名下呢？為了獲得比較好的貸款條件，會選出一位在銀行眼中信用乾淨的「小白」，名下沒有貸款、薪轉又漂亮。花錢買了房，名字卻不一定是自己的，而且將來的處分，都需要所有人同意，光想就累。

如果你沒有錢參與集資，那麼可以用你的「信用」來參與。只要願意「出名」借給他們，作為登記人並且去申請貸款，他們會付一筆幾萬元的酬勞，答謝你作為人頭，而之後的貸款當然不是由你來付，而是他們定期匯入。

前陣子才看到一則新聞，有投資客因為周轉不靈，開始停止繳付房貸，而被借名的登記人也付不出錢，最後房子被法拍，出借名字的人也因此信用破產，不但沒有一間真正屬於自己的房子，連以後自己想買，銀行也不會借他錢了，根本可以說是「人財兩失」。所以千萬不要為了區區幾萬元就出賣自己的信用！

不管叫做集資還是合資，我一直以來都非常反對。乍聽之下好處是把買房的門檻一下子降了下來，每個人只要出一點錢就可以向別人炫耀：「我買了房。」但後續的處分卻是後患無窮。兄弟會鬩

牆、結婚都會離婚了，更何況只是因為利益而暫時聚集在一起的人呢？事情圓滿是合夥人，被有心操弄就是詐騙，但兩者做的事情卻是一樣的。

買房這種人生大事，不要依賴任何人幫你做決定！培養自己獨立判斷的能力，不要相信任何人幫你「操盤」。沒錢先乖乖學賺錢，變有錢的本質是讓自己擁有賺錢的能力，到處參一腳，你不會學到什麼東西，更不會留下什麼錢。

我開設包租代管公司，許多人因為只想投資不想勞動，就主動說要給我錢，要我幫他賺。我都勸他：「拜託你把錢放在自己能掌管的事業裡！不要交給任何人，也不要給我！」

投資別人很輕鬆，做好事情才是難。但要知道市場缺的永遠不是錢，是肯捲起袖子做事的人。如果每個人都只想挑輕鬆的做，錢又為何要給你賺呢？想靠「投資別人幫你賺錢」，我必須說，你就要有投資有去無回的自覺。除非你資本夠大，以私募基金或天使投資人身分去投資企業，還要搭配精準的眼光，否則，講好聽是投資人，講難聽只是被詐騙的高風險一族罷了。

買房是人生大事，一定要獨資，缺錢寧願用借的，也不要讓家人以外的人參與，而且一定要確保房子在自己的名下！

💰 本章重點筆記

1. 要知道何時可以退休，先計算退休金數字，不要用猜的。

2. 每年更新資產負債表，看看過去一年的努力是否讓身價變高。

3. 每月更新現金流量表，養成用錢的自律和預測風險的能力。

4. 資產負債表的目標是讓身價淨值大於或等於「活到 100 歲的退休準備金」。

5. 現金流量表的目標是讓「累積自由現金」不停增長。

6. 財務防火牆的第一道防線：存款達到半年以上的生活費，作為緊急預備金。

7. 財務防火牆的第二道防線：建立至少一種副業收入，並使任一副業收入大於或等於基本生活開銷。

Chapter

②

人生至少要有
一間房

剛從上海回到台北定居的時候，身上的存款只有幾十萬元，當時處於失業狀態的我，租房都得斤斤計較，看了不下二十間房子才做決定，更別提買房了，根本想都不敢想。

　　接下來幾年的時間裡，我全心投入包租事業，把租來的房子重新翻修後分租，解決了自己居住成本的問題，也為自己打下了穩定的現金流基礎，這是我的第一本書《不買房當房東》的故事。

　　以投資角度來看，在房價越高的城市，例如雙北市，不買房的包租模式越能展現優勢，因為高房價會導致買房成本過高，在租金有一定天花板的情況下，投資報酬率的表現將會非常差，這也是為何雙北市的租金報酬率一直敬陪末座，不到 2% 的原因。

　　如果以自住角度來看，則要把租金與房價拿來比較，評估居住成本，而雙北市的房價如果換算成租金，可以租房超過四十年，在這樣的城市居住，租房才是划算的。

　　因此居住在雙北市，不論以投資還是自住來看，都會發現買不如租。但是我們又不想一輩子租房，那怎麼辦呢？我

找到的答案是：在其它房價負擔較輕的地方，用置產的想法買房，先擁有資產，再慢慢換到自己想住的房子。買房不必非得自住，租房也能解決居住需求，不僅如此，在一樣的月負擔條件之下，雙北市租房反而比買房能得到更好的居住品質。

如果你問我買股票還是買房子好？我的答案會是「先有房子，再談股票。」因為股票價值的波動性大於房產，房子是較為保本且低風險的選項。而且你可以觀察，在股市裡殺進殺出的人，很少到最後還保有身家，交易次數越多，賠率越大，只有極少數的天才可以打贏大盤市場。而有房子的人，長期而言，資產身價都是高於沒有房子的人。

假設你的現金、股票等流動性資產加起來是 200 萬元，在沒有房子的情況下，你在銀行眼中的身價就是 200 萬元。但 200 萬元如果去買一間 1 千萬元的房子，在銀行眼中，你的身價不再只是 200 萬元，而是 1 千萬元。

不動產讓你用 5 倍以上的槓桿來獲取資產，這是其他任何投資都難以在低風險情況下做到的。每種投資因為勝率不同，都有機率虧本，200 萬元如果投入股票、加密貨幣，虧空的話身價會直接歸零。但將 200 萬元投入不動產，變成 1

千萬元的房子，房價歸零的機率卻是微乎其微。也許 1 千萬元有可能跌價成 800 萬元，但即使這 200 萬元虧掉，你仍然擁有一間房子，甚或出租幫你賺進現金流。

在銀行眼中，「身價」意味著你能借到多少錢。假設月收入 5 萬元，沒有房子，銀行願意借你的錢最多是 110 萬元，因為無擔保貸款的上限是月收入的 22 倍，這筆錢一旦還掉，你想再借，就是全部重來，信用重新評估。但如果你擁有一間 1 千萬元的房子，即使月收入一樣是 5 萬元，這時銀行願意借你的錢卻是 800 萬元，而你還掉的每筆貸款，在未來任何時候，都可以隨時跟銀行再把這筆錢借出來。

也就是說，一個人的「信用」在銀行眼中，有房和沒房，兩者相差將近 8 倍。

或許身為上班族的你現在並不能理解，為何能跟銀行借錢的信用相當重要。我第一次創業的時候，傻傻地直接辭掉工作，才發現創業資金根本就不夠，想要再去借，根本沒有銀行願意借錢給我，因為我已經是個離職、沒有固定薪資收入的人。最後我只好向家人開口，用老家的房子去「增貸」，才順利度過危機。

房子除了是相對保值的投資選項，即使不自住，也能用

出租來獲得額外收入。租金不會像股票配息隨著企業表現高高低低，房租是只漲不跌的，因為租房是剛需，無論經濟局勢怎麼變化，人都需要房子住，因此租金收益相較於其他金融商品也是最穩健的。

　　房子不僅提供了居住功能，它還是一項最好的理財工具。所以無論如何，人生至少都該擁有一間房，成為保障下半輩子的「金雞母」，自不自住，不重要。

1.

第一間房，
不該自住

　　「加薪幅度趕不上房價上漲的速度。」這句話你一定聽過。我常常在網路社群看到很多人嘆息：「我還沒存夠頭期款，它又漲了！」

　　是的，如果你一心只想等到存夠頭期款才要買房，你一定會發現，可以買的房子越來越少、越來越小，地點還越來越偏。而且，如果你認為買房就是要自住，一定要「一次到位」，不夠喜歡不買、沒有滿分不買、有缺點就不買，那麼你一定會變得眼高手低，喜歡的買不起、買得起的看不上，最後什麼都沒買，然後那些存款就在出國旅遊、吃喝玩樂、不停換車買包中花掉了。

　　其實你不一定是真的買不起房，只是要換個策略思考，怎麼樣能和房價上漲的速度比拚？那就是「先上車再說」。先買能力範圍

可買的，不要拘泥於自住，用投資的眼光置產，用租金收益養房子。如果挑選的眼光不是太差，大致都能期待十年之後，房子已經比買的時候增值不少，這時，就可以開始換房。

有 100 萬元就先買 100 萬元買得起的小宅，有 200 萬元就先買 200 萬元買得起的小宅，千萬不要一直等待存到 400 萬元、1 千萬元才要買夢想中的 2 千萬元、5 千萬元豪宅。第一章就提過，房子是唯一在低風險情況下可以讓你操作 5 倍以上槓桿的金融產品，所以 100 萬元當然可以買 500 萬元的房子、200 萬元就可以買 1 千萬元的房子。如果你買的是預售屋，槓桿可以拉到 10 倍，100 萬元的頭期款就可以買 1 千萬元的房子啦！

十年之後，也許你已經累積了 1、2 間小宅，這個時候，再開始慢慢多換少、遠換近、小換大，用時間換取空間，以數量換取質量，換出一間自己想要住的理想宅。這樣的長期策略，絕對比你傻傻存又苦苦追著房價跑要務實多了！

舉例來說，如果你每年可以存 20 萬元，五年的時間存到 100 萬元，這時先去買一間 100 萬元現金可以負擔的房子；再過五年，這間房子如果已經增值，你可以考慮賣掉，能有一些獲利，同時，這五年間你又存了 100 萬元，此時你手上持有的現金，相較於你苦苦存十年，是很有機會倍增的，這就是為何大家說買房是「強迫存錢」，而且這筆錢的增長絕對比單單靠銀行利息要快多了！這還沒算上，隨著你的工作經驗提升，你的收入也應該要跟著通膨逐步提

升，後五年能存到的錢理論上應該是比前五年更多的。而你越早把現金存進房產裡，不但是對抗通膨，同時也是越早幫自己的資產鎖定了成本，才不會在未來被迫用更高的價格買入。

我有位手握 1 千萬元現金的朋友，如果他是以每年存 100 萬元的速度，花了十年存到這些錢，那麼這十年來，如果他讓現金全部只是躺在銀行裡定存，領 1% 的利息，卻因為通膨每年減損 3%，一來一往等於每年資產縮水 2%，十年之後，原本辛辛苦苦存的現金，其實少了近百萬的購買力。但是如果挑對時機，在十年間把 1 千萬元的資金分批購入房產，十年後，你認為抱著現金的人，和擁有房產的人，誰的身價比較高呢？ 越早擁有房產的人，絕對越早有能力換到理想的自住宅。

特別是在房價高不可攀的台北市，我身邊有不少朋友陸續「脫北」，都被台北的高房價給嚇走。而我還堅守在這，是因為我租房。我一直強調台北市的房子買不如租，因為租金對比房價，實在太便宜了，一間買下來要 3 千萬元的中古屋，每月負擔房貸將近 9 萬元，租金卻只要 3、4 萬元，當然用租的划算。

但是在天龍國擁有一間房子，仍是許多人的夢想，我也不例外。我從來沒有放棄在台北市買房自住的夢想，但我很清楚自己現在還買不起理想宅，於是我制定了剛剛所說的長期換房策略。我在其他城市尋找房價相對可負擔又有增值潛力的地方，先上車再說，期許未來可以慢慢換到自己想住的房子。在此之前，我用租房的方

式，不但可以獲得很好的居住品質，也是讓自己保有更多餘裕的理財方式。

　　看待買房，千萬不要只想著自住，而是「置產」，這樣一定可以加速你的資產累積，更快實現買到自住房的夢想。只要你上了車，遲早都會抵達目的地。但若你停在原地等，永遠也到不了！

2

自備款不足，
怎麼辦？

　　嚴格來說，我第一次買房的頭期款是用「湊」的，不是存的。

　　第一次買房，我憑藉著一股衝動「先看再說」，並不是等手上存到了足夠的錢才開始看房，我打算若真的出現了值得入手的物件，再看看差多少，想辦法生錢。

　　所以我在手上流動現金只有幾十萬元的時候，就開始看房。幸好當時我的伴侶，也就是現在的太太，非常支持我，在我們討論到買房這個計畫時，就盤點了兩人手上可動用的資金。確定要買這間房子後，發現資金還是有缺口，於是我向家裡調度了原本一直預留在母親帳戶裡但暫時閒置的孝親費，太太則把他剛好到期不久的儲蓄險保單提取出來，作為緊急預備金。

　　回想起來，我還真是有點大膽，等到發現資金不足的時候才開

始調度，但事後來看，我很慶幸自己做了這個勇敢的決定，因為房價在一年後的 2018 年開始逐步上漲，相同地段的房子再也無法用這個價格買到。2021 年房價更是在半年之內推升到歷史高點，全台一口氣大漲 30%，許多人都是事後才驚覺，如果真的要等到萬事俱備才買房，存錢的速度根本追不上房價上漲的速度。

也在這個時候，身邊許多從來不曾說過想買房子的朋友，突然都談起了買房。也就是說，大部分的人往往都在市場冷清的時候選擇繼續觀望，卻在市場越熱的時候，反而越想追價。但在觀望之間，就錯過了用比較便宜的價格購入的時機，等回過神，發現越等越貴，就開始焦慮，開始失心瘋地不斷加碼。

雖然我認為，要等到「感覺自己準備好了」才買房，很可能會不斷錯過，於是失去了買房的勇氣，但**買房的衝動絕對不能建立在「身邊的人都在買」的情境之下**，這種氛圍會導致自己做出不理性的判斷，可能明明沒有這麼喜歡這間房子，卻只是因為「怕輸」或是「怕會越來越貴」的心情。市場越冷，才是越有機會撿便宜的時機點，市場越熱，才是越要冷靜的時候。

當我們不斷地練習看房，真的有一天出現了「這就是我要的」命定房子，就算手上的頭期款不足，還是可以努力嘗試盤點看看，有辦法去借、請長輩幫忙，都不是壞事。就像如果想要創業，非要等存到第一桶金才要開始，結果很可能是錯過稍縱即逝的市場機會，或者時間長了就失去動力，創業是不會成功的。創業的第一桶

金，一定也要想辦法去借，先搭上車，不能慢慢存。

在有一點點自備款、但是又還差一點點的情況下，你才會逼著自己認真盤點各種可能，那股「找錢」、「湊錢」、「想辦法賺到錢」的動機是最強烈的。我覺得在那種狀態下，比較容易下決心買房。

只要算過之後的每月貸款負擔得起，頭期款只是一次性的，可以想辦法湊，不要因為一時的現金短缺錯過了置產的機會。開始認真看房，有明確標的，才有清楚的數字，知道自己離目標還差多遠，就算是要靠存的，也才能制定清晰的步驟，實現自己的財務計畫。這也是在這本書的開頭，就用非常大的篇幅告訴大家怎麼盤點資金的原因。

常聽到身邊有人說起買房，開場白都是「我買不起」。接下來我就會問：「你看過哪些房子？」「預算是多少？」「自備款差多少？」「每月可負擔多少？」這些說自己買不起房的，幾乎沒有一個人答得出來。

一個很想擁有的東西，卻根本沒放在心上認真算過，怎麼可能會買？買房聽起來很嚇人，但如果把這個目標一直放在心裡，且不懈怠地持續看房，仔細研究到底需要多少錢、需要多少時間，就算無法在短期內達成，至少也不會讓夢想離自己越來越遠。千萬不要因為預設立場，限制了自己的無限可能。

3.

可以買多少錢的房子，
怎麼算？

　　根據第一篇教你製作的現金流量表，現在你已經知道了自己每個月有多少自由現金。我會建議，在累積的自由現金已經滿足了半年的生活費水位，也有了足夠支持基本生活開銷的副業收入，這兩道財務防火牆都建立好後，再開始思考買房的事，會是比較安全的狀態。

　　不過，我自己買第一間房的時候並沒有按照這個步驟！當遇到了低於市場行情的物件，我為了把握機會，還是捏著大腿上了，頭期款更是湊出來的，畢竟買房還是需要一點衝動。所以到底要不要遵循財務安全防線再買房，就看個人取捨了！

　　要怎麼知道自己究竟可以買多少錢的房子呢？給大家一個基本公式：

平均月收入×70％＝月負債比上限

月負債比上限÷3,700×100萬＝可負擔貸款

可負擔貸款÷80％＝可買的房屋總價

舉例：我的月薪是 4 萬元，加上年終獎金之後，年收入大約是 60 萬元，請問可以買多少錢的房子？

答：年收入 60 萬元，相當於平均月收入 5 萬元

50,000×70％＝35,000 （月負債比上限）

35,000÷3,700×1,000,000＝9,459,459（可負擔貸款）

9,459,459÷80％＝11,824,324（可買的房屋總價）

在銀行眼中，我最多可以買 1,180 萬元左右的房子。

平均月收入

銀行審核還款能力時，看的是「年收入」，所以計算還款能力時，要把公司發放的三節獎金、年終獎金等都加總進去，用實際的年收入除以十二個月，得出平均月收入，才是銀行計算你的月收入負債比的依據。

月負債比上限

銀行評估你的還款能力時，首先會考慮這筆貸款在你每個月收入當中的佔比，一般認為最高不能超過月收入的 7 成，是銀行許可的月負債比。不過，7 成是極限，如果你已經背負其它向銀行融資的信貸、房貸、車貸等，就會佔掉你的部分負債比，銀行核貸給你的成數可能會因此下降。比較保守的銀行，則會將月負債比限制在 5 成以下。

所以，你的平均月收入乘以 70%，就是銀行認可的月負債比上限。

不過呢，大部分人都會建議貸款不要超過收入的 1/3，否則負擔可能會太高，像是案例中，實際月薪 4 萬元卻拿 3 萬 5 千元付房貸，會連生活費都不夠。所以實際上，銀行還是會根據個案情況來評估月負債比，不是每個人都以 7 成來推估。保守起見，你可以把負債比調整為 3 ～ 5 成。

我個人覺得，負債比到底可以佔收入的幾成，每個人條件是不一樣的，所以我並不是很支持「房貸不要超過 1/3 收入」的論點。

舉例來說，一個月收入 3 萬元的人，貸款負擔約 3 成，抓 1 萬元，只剩下 2 萬元可用，而 2 萬元已經接近在外租房的人最低生活開銷水準，當然不能再超過。可是如果一個人月收入是 30 萬元，就算房貸付掉將近 7 成，20 萬元，你認為剩下 10 萬元就一定會影響他的生活品質嗎？

所以房貸究竟該佔收入多高比例，不是絕對，要根據自己的收入來拿捏。這也是銀行會把最高上限設定到 70% 的原因，如果一個人月收入 100 萬元，用 70 萬元付貸款，並不是不可以。以現在的房價來看，你會發現，要守住月負擔比不超過 3 成，可以選擇的房子大概也不多了，很高的機率都要拉到 4 ～ 5 成。

可負擔貸款

接下來，在公式當中，3,700 代表什麼意思呢？這是指「每貸款 100 萬元，每月要償還的本金加利息」，而這個數字會根據利息浮動。我的公式是套用目前 2023 年第一季普遍的房貸利率地板價 2.06%、三十年期的本利均攤法算出來的，每貸款 100 萬元的月還款金額大約是 3,700 元，也可以說，每 1 千萬元的房貸，每月還款金額大約是 37,000 元。如果你想知道不同利率的情況下，月還款金額是多少，可以在網路上直接搜尋「房貸計算器」，就能很快算出來。

因此，當算出你的月負債比上限是 3,700 的幾倍時，按照每 100 萬付 3,700 元的比例，就能推算出在這樣的負債比之下，可以貸到多少錢，也就是可負擔貸款。

可買的房屋總價

最後，因為大部分的新成屋貸款成數都是落在 8 成，所以我們

會用 8 成來回推你的房價，也就是除以 80%，就能算出可買的房屋總價。如果你想買的是中古屋，則建議保守一點抓 7 成，用除以 70% 的方式回推。

　　這樣你會算自己能買多少錢的房子了嗎？落實到具體的數字，不要憑感覺，也別忘了，還要**預留總價的 2 ～ 3 成作為頭期款和其他買房的額外成本**，例如裝潢費、仲介費、稅費等。

4.

寬限期該用嗎？

　　如果你是首購，幾乎每家銀行放款時，都會讓你選擇是否需要「寬限期」。意思就是剛買房的時候，可能因為搬遷、裝潢等，需要的現金比較多，所以會讓你在開頭的二～三年期間，只還利息就好，先不用還本金，這樣可以減少買房初期的現金壓力。

　　不過我們在計算每月房貸負擔能力的時候，還是要先做最壞的打算，所以做測算的時候，都先以本利一起還的方式計算，如果只計算寬限期的還款能力，很可能會忽略一旦開始繳本金之後的壓力，對自己的還款能力太過樂觀。

　　二～三年的寬限期結束後，大部分銀行都能接受你申請再延長一次，之後如果還想再延長，有可能需要換銀行會比較好說服。大部分的銀行為了業績，都會樂意接受你從其他銀行轉貸過來，再給

你寬限期，不過每次的轉貸，會有額外的手續費成本。

另外要注意，央行現在為抑制投機的炒房行為，從 2021 年 9 月開始，規定在六都與新竹縣市地區，名下第二間房貸開始，就不能使用寬限期。

善用寬限期可以讓手上保留更多現金，如果你正在事業草創期，我會建議儘可能使用寬限期，才能有更多的資金去實現夢想。同樣的道理，如果房貸可以申請四十年，就不要三十年；可以三十年，就沒理由只要二十年。貸款年限越短，每月還款壓力越大，很容易讓你喘不過氣。買房應該是要讓自己的生活品質變得更好，而不是因為背負了沉重的貸款之後，扼殺了所有夢想！當你還有人生其他目標想要實現，就要讓房貸在每月支出當中的佔比儘可能降低。

也許你會想：「房貸繳得越久，利息不是付得越多嗎？」

目前我們的房貸利率都在不到 3% 的低檔位置，反觀通膨巨獸——每年以 3% 以上的速度侵蝕你的資本。隨著通膨發生，我們的現金每年都在以 3% 以上的速度貶損——反過來說，你的「負債」也是。

如果你跟人借了 100 萬元，十年後才還，事實上，你還他的錢是變得很小很小的。因為現在的 100 萬元，和十年、二十年、三十年後的價值，都是不一樣的。不只是資產會縮水，負債也會跟著通膨縮水。

當貸款利息沒有比通膨高的時候，你欠錢欠越久，其實是賺越多，因為將來你還得越少！所以根本不應該急著還錢，擁有現金才是王道，把錢拿去投資在能產生年投報率 5% 以上的地方，不但對抗了通膨（3%），還抵銷了房貸利息（2%），如果投資報酬率超過 5%，你還多賺！

　　再說，即使貸款四十年，你卻不一定會住在這個房子裡四十年，有很高的機率，在十～二十年的時間內，你就會因為工作調動、家庭成員變多等種種因素，想要換房，於是把這個房子賣掉。這個時候，你的房價漲幅，早就抵銷了所有的利息，事實上是轉嫁給下一手買家。從歷史數據來看，時間軸拉到二十年以上，房價只有越來越高。所以擔心貸款越久繳越多利息，其實是庸人自擾。

　　儘管如此，在第一篇教大家看清財富自由之路的三張表中，談到我們追求的財富自由目標是「資產越來越多，負債越來越少」，當你無債一身輕還擁有足夠的退休金時，就是真正實現財富自由的那一天。

　　所以，隨著年紀越來越大，退休之後不再有主動收入，這個時候還是要適當控制負債比，不要讓太多的房貸造成退休的壓力。所以我會建議，設定的「減債目標」是在退休時「至少自住的那一間房子，貸款還清」。

　　我們一生中有很大的機率不會只擁有一間房子，如同我給大家的理財建議，買房是一種資產配置的理財手段，不僅僅是滿足自住

功能而已。甚至，我是把自住需求放在置產之後，先用投資的角度擁有資產，再慢慢換到自己想住的房子。

所以我在資產負債表上的設定目標，是會朝向**逐步清償自住房的貸款**，而其他置產目的的房子，如果有租金收入來支持貸款，則不急著清償。

5.

沒薪轉怎麼貸款？

　　到了可以買房的時候，我們通常會興高采烈地到處看房，或許也會開始注意網路上分享的一些挑選物件的重點，怎麼避開雷區之類。但是往往會忘記一件最重要的事：你的貸款條件如何？

　　我們不是富豪，正常來說買房都會需要貸款，也因為這件事好像太過理所當然，所以大部分的人都不會特別關心自己的信用條件，只關心房價合不合理。我身邊有好幾位朋友，都是工作多年後終於存到了頭期款，興高采烈地開始看起房，但是一坐下來了解貸款的還款條件，才發現自己因為沒有薪轉記錄，根本貸不到錢！

　　向銀行申請貸款，需要半年以上的薪轉和信用記錄，我的建議則是在一年之前就開始規劃。所謂信用記錄，不只是平日信用卡的還款要正常，每月都一次繳清而非只還最低應繳金額，還包括是否

有穩定的每月薪資收入、是否同時背負其他信用貸款。

　　跟銀行打交道需要有意識地長期養成，絕不能是明天要買房今天才開始準備。如果你聽誰說有人介紹了一個銀行窗口可以有優惠貸款，而那個人最後真的拿到了很好的條件，不要誤會，不是行員厲害，是這個人的信用或財力條件本來就很好，誰來承辦都一樣；反過來說，一個從來不跟銀行打交道的信用小白，不管介紹了牛鬼蛇神給他，都不會有好的結果。

　　現在有越來越多人從事自營的一人公司、或是自由接案，又或者是以收現金為主的工作性質，例如攤販、建築工人、小吃店等，這些工作不像上班族一樣有固定的薪資收入，在銀行眼中會被視為風險較高的族群，雖然有少數銀行針對這樣的族群提出友善方案，但大部分銀行都不太喜歡。這時候就要想辦法用其他的方式，來證明自己有穩定的現金流或是財力。

　　銀行最希望看到的財力證明，是有固定薪轉的存簿記錄，其次是最近一次的所得稅報稅記錄，再來才是其他存款、保單、股票等額外的輔助證明，如果這些還不夠，會進一步要求提供保人。最受銀行歡迎的貸款人，是軍公教、上市企業員工，還有「四師」，也就是醫師、律師、會計師、建築師，這些都是被認定收入穩定的票房保證。

　　以下兩種身分，則是較不受銀行歡迎的，即使你有固定薪轉，某些形式的薪轉卻不一定被認可，在此也提供解決辦法：

一、一人公司的企業負責人

意外嗎？企業負責人其實是很難貸款的！特別是當你的公司規模不大時，老闆比一般員工更容易被刁難，千萬不要以為當老闆就受銀行歡迎，以下告訴你為什麼。

一間公司在銀行開通企業帳戶時，銀行會依據你的企業規模來決定開放給你正式的企業網銀操作平台、還是相當於個人版本的網銀系統，因為員工人數和資金規模不同，需要的功能也不同。只有公司達到一定規模，銀行才會開放企業網銀系統給你。而只有在正式的企業網銀系統中，可以設定「薪資獎金」或類似的字眼來作為匯款的備註；在個人網銀中，只能自己手動註記。這兩種註記法，銀行是能夠看出不同的，銀行偏好看到薪轉來自系統可以自動註記的企業版本，因為這代表你在稍具規模的公司任職。

當你是小企業的負責人時，薪轉是由個人手動註記，銀行會認定你是自己匯錢給自己，愛匯多少就多少，並非真正穩定的收入，是不具有足夠說服力的。

這也是為何企業負責人反而比一般上班族更難以申請貸款的原因。特別是當你的公司規模不夠，公司的營收幾乎等於你的個人收入時，銀行也知道創業失敗率非常高，如果公司倒了，你就沒有收入。所以小型企業的負責人會被認定是還款的高風險族群。

因此，有些人聽到要做薪轉，就每個月從自己的 A 帳戶匯款到 B 帳戶、或是請家人朋友定期匯入，即使做了薪資的備註，其

實銀行也不一定接受，大部分時候還會被要求提交進一步的財力證明，例如報稅記錄等。

如果你是小型企業負責人，我建議主動提出公司的 401 報表輔助，證明公司有穩定的營收，也就證明了你有穩定的還款能力。

二、定期存入現金，但存款月光

當你的工作所得是收現金，但每個月都能固定存入帳戶，某些銀行還是能夠接受作為穩定收入的證明。不過，這個方式有一個非常重要的關鍵，如果這個帳戶裡的存款金額長期下來一直沒有明顯增加，甚至是月光，那麼這樣的收入證明還是會被認定為高風險，銀行會合理認為你只是把同樣一筆錢不停地存入、提出、再存入。

所以如果你是以現金存款作為收入證明，一定要注意一個重點：「存款必須合理地增加。」才能讓銀行認定你具有穩定的還款能力。

或者，你可以選擇預售屋，貸款過件率會比買中古屋來得高。預售屋在批量交屋的時候，建商會預先幫買家談定承接貸款的銀行，由於是批量申請，審核條件會比個案來得寬鬆，銀行往往也會看在和建商的交情上，不會過度為難他們的客戶。

我有位朋友是舞蹈老師，收入以不定期的現金為主，雖然現金存款不少，但是由於沒有固定薪資，所以他知道在貸款上可能會被為難，因此他選擇買預售屋，雖然沒有薪轉記錄，但他提供了存款、

股票和保單證明，銀行沒有刁難，就讓他順利貸到了 8 成。

6

裝修費該花多少？

　　有人說，合理的裝潢費不要超過房價的 10%，但實際上，很多人在裝潢上的花費都超過了 20%，砸 500 萬元裝潢一間 1,500 萬元的房子也大有人在。

　　如果你只用感性的部分去思考，預算是不會受控制的。在自住的房子剛剛買來的時候，我們總是想用最好的東西，如果預算無上限，就算只住一天，也希望它用的是最好的建材。

　　可是如果預算有限，到底該怎麼取捨呢？用「時間」或「空間」來分割，事情會變得簡單很多。

　　以我做輕資產包租為例，我決定投入多少裝修費的邏輯很簡單，就是跟著「租約」走。一個租期五年的房子，我所有的建材及設備的選擇，就是考慮堪用五年即可。我不需要花幾倍的錢，選擇

耐用十年、二十年的頂級建材，所以取捨變得很簡單。用「時間」來分割，我就不會多花不該花的錢，讓自己的投資賠本。

如果房子是買來出租的，我也依然建議用五年來思考裝潢的投入比重，因為五年是一個非常適合重新檢視出租成效的週期，這時也許你會考慮房子其他的用途，由出租改為自住，又或者會考慮賣掉。如果維持出租狀態，則可以在原來的裝修基礎上，再做簡單的修繕整理即可，不至於需要全部推倒重來。所以用五年來思考出租房的裝潢，可以保有最大的彈性。

如果是自住，我則建議用「六年」為週期來做考慮。因為有孩子的家庭，通常每六年就會面臨一次比較大的變動，小學畢業、中學畢業。當孩子邁入人生下一階段，家庭的生活重心也會進入一次改變，費心設計的小孩房變得不再合用、悉心挑選的學區可能也功成身退。

裝潢投入成本除了用時間來思考，也可以用「空間」來取捨。

如果我們的預算無法滿足全室都盡善盡美，呈現心目中最完美的樣子，設備都買好買滿最頂級，可以把空間的使用性做出優先排序。也許廚房對我最重要，我需要一個 50 萬元等級的廚房，才可以展現好手藝，反觀房間只是用來睡覺，一張床就夠，那麼是否可以先把預算砸在廚房，其他地方以後再慢慢弄。如果你是影音科技控，也可以先把錢優先拿來打造頂級高科技影音室、豪華客廳電影院，其他地方先將就著用。

時間和空間，可以幫助你在有限的預算下做出裝修費的取捨。

如果這樣還沒辦法說服你，那麼我再提供一個換位思考，看看能不能讓你更理性。假設今天買了一間中古屋，在同棟樓，有著同樣戶型與大小的兩間房子同時出售，一間沒有裝潢要賣 2 千萬元，一間屋主花了 500 萬元裝修，很漂亮，但是要賣 2,500 萬元。你會選擇買哪一間？

我想你應該不會願意花 500 萬元去買別人的裝潢。如果你是買家，你會希望越簡單越好，可以自己決定要裝修成什麼樣子。裝潢好的房子也許很漂亮，但買家只願意加個 50 到 100 萬元，而不會是 500 萬元。

房子的裝潢就像新車，從落地的第一天開始就不停折舊，自己眼中的寶貝，不見得會獲得別人的欣賞，他很可能會叫你拆掉，因為他不需要。

我們都以為買了家會住一輩子，大多數情況卻不會。當房子老了舊了，出現越來越多的維修問題，我們就會開始思考換屋。在我從事包租業，處理無數間三十年以上老舊公寓的情況裡，我見到的房東大多另外買新的電梯大樓住，不願意面對老舊公寓帶來的修繕問題，所以才希望出租，讓別人來幫他維持屋況，照顧房子。

從理財角度來看，裝潢就是完全性耗材，也可以說是奢侈品。當然以上建議是在預算有限的情況下，如果你爆炸有錢，預算無上限，當然儘量裝潢成自己喜歡的樣子沒差，錢錢只是變成自己喜歡

的樣子。

　　我曾向一位設計師諮詢關於一間預售屋的客變設計，他問我：
「屋裡會住幾個人？會計畫生小孩嗎？會養寵物嗎？平常兩個人吃
飯嗎？還是會宴客？」我認真想，卻無法想像。一個連形狀都還沒
有的房子，還在紙上談兵，我怎麼可能知道未來住進這個房子的真
實場景？

　　我也許規劃了一間超讚的書房，幻想自己在這個房間甜美又文
靜的樣子，結果早晨的陽光太刺眼，原來整間屋子最適合讀書的是
另一側安靜又舒適的角落。我規劃了一個絕美的中島廚房，結果每
天只是路過，還嫌高腳椅在狹長的通道上擋住了去路。

　　為什麼非得在搬進這個房子之前，就設想好所有的場景呢？是
不是可以先與房屋靜靜共處，細細察覺房子的光影變化，每一個空
間的呼吸自在，再慢慢設想怎樣才是最美好的樣貌呢？

　　我們似乎一直被教育著要「完美」。買了一個新家，就被迫在
還沒有搬進去之前，想盡辦法讓一切看起來無瑕。新家就是要有新
家的樣子，搬進去才開始買家具、才開始做天花板、才開始刷牆，
像話嗎？於是，我們從來沒有機會見證一個「家」從無到有的過程，
我們害怕弄髒手、害怕孩子接觸「有缺陷」的東西，所以等我們長
大了，對於如何照顧一個家、修繕一間房子，一無所知。

　　只要我們能接受「不完美」，裝修房子不是一定要一次到位。
先搬進去一個空白的家，再與心愛的家人一起慢慢見證「家」從無

到有的過程，不是很美嗎？

1. 用置產的心態買房，不要堅持自住。

2. 存錢速度追不上房價上漲的速度，所以要「先上車再說」。

3. 買房不要等萬事俱備，先看再說，培養對價格的敏感度。

4. 通膨率若大於存款利率，代表欠錢欠越久，你賺越多。

5. 善用寬限期並儘可能拉長貸款年限，才能保有創業或實現其他夢想的資本。

6. 向銀行申請房貸，需要半年以上的薪轉和信用記錄，最好一年前就開始規劃。

7. 一人公司的負責人和現金存款者，準備財力證明要比一般上班族更費心。

8. 裝潢是耗材，不會為房產帶來增值，不要花太多錢在這上面。

Chapter

③

預售屋看房
全攻略

在踏進建案的銷售中心之前，你會感到莫名的緊張和壓力嗎？我有些朋友就是這樣。他們雖然喜歡看房，但並不見得每個案子都能在預算內。畢竟有夢最美，我也非常鼓勵大家不要太在乎是否買得起，看房不用錢，多看才會有動力和目標存錢。因此，每當銷售人員問到一些關鍵問題，像是預算、需求時，到底該怎麼回答比較好呢？

　　在預售屋看房的第一個章節，我要先告訴大家，預約看房前應該做好什麼樣的準備，才不會被置冷板凳，被銷售人員冷眼對待。

　　預售屋的房子由於還沒蓋好，到接待中心看房時，我們只能紙上談兵，憑著一堆圖紙就要下決定，而且這個決定關係著好幾千萬身家，當然不想草率。但是光憑想像，到底要怎麼確認建案好壞？房子蓋出來後會跟樣品屋長得一樣嗎？這個章節我要分享自己判斷預售屋的標準，是我累積了無數的看房經驗和研究工作的總結，一定可以讓你的眼光變得更加犀利精準。

拿起電話約看前，
你的「人設」做好了嗎？

1.

　　我鼓勵大家不管是否買得起房，都要三不五時去看看房，最好能當成興趣。因為只有看多了，才會對價格敏感，也才會看得懂好房子和不好的房子的差別。就算現在還買不起，也可以因此**把夢想具象化**，有個存錢的動力和目標，才會加快自己買房的速度。

　　當你在網路上看到一個建案廣告，想要預約看房，打電話過去，對方詢問：「請問你想看幾坪的房子？預算大概多少？」你會怎麼回答呢？

　　曾經有個台中的建案，我當時在網路上看到廣告想要約看，但因為手邊有工作在忙，便請太太打這通電話。太太不假思索地按下號碼，對方接起後，就問了上面這兩個問題。太太其實根本連建案廣告都沒認真看過，當然不知道人家到底賣的是什麼東西。支支吾

吾之下，只好脫口而出：「呃，我不知道耶，請問你們是賣幾坪的房子？」

接下來，銷售人員便對我們的職業、預算、買房目的，做了一番身家調查。好不容易到達現場，對方不但介紹得馬虎，當我詢問高樓層的報價，對方竟然一口回應：「高樓層應該都超出你們預算喔，而且會卡到高價住宅的限貸令，現金就要 2 千多萬元，你們有這麼多現金嗎？」然後直接推薦我中繼水箱直下層的戶型，因為是最便宜的。

2021 年正值房市多頭時期，看房人潮絡繹不絕，銷售中心接待人員為了有效篩選精準客戶，都變得小心翼翼，在電話預約階段就希望對客戶的財力有初步的了解，如果你沒有準備好自己的「人設」，讓對方覺得你沒有誠意，只是隨便看看，便很容易在電話那頭被塞了軟釘子，告訴你預約很滿，如果排到時間再跟您聯絡，其實就是不再聯絡。

當然，當房市轉冷，看房人數大減的時候，銷售人員的態度就會有一百八十度的轉變了，不但主動邀約，事後還會非常殷勤地追蹤，問問你有沒有什麼顧慮、需不需要再看第二次。

但不管房市冷還是熱，一踏進銷售中心，如果讓對方感覺你的財力根本不相當，或者對於這個建案的基本訊息，像是坪數、幾房都沒弄清楚，他們自然會覺得你是來亂的，就不會太積極接待你，好的戶型跟樓層也懶得秀給你看。

買房，也買自由

建商推案的時候，會將產品做目標族群的設定，大致上是按照坪數區分：40 坪以下是針對「首購族」，40 ～ 60 坪是「換屋族」，60 ～ 90 坪是「輕豪宅」，90 坪以上則定義為「豪宅」。每個案子都有鎖定的目標族群。當然這也只是個大概，若以總價來說，台北市 40 坪的房子都超過 4 千萬元，你大概也不會覺得這叫首購。

所以在約看前，設定好自己的人設劇本很重要，無論是看預售屋還是中古屋，對方是代銷還是仲介，都是一樣的道理。所謂人格設定，就是要假想自己是這個案子的精準客戶，端出「我買得起」的態度，才會受到誠懇的接待。那麼又要如何知道自己買不買得起？你要根據建案的坪數，先上網做功課，了解該案的大致開價，就知道總價帶落在什麼範圍。

舉例來說，一個建案廣告銷售坪數是 33 坪～ 56 坪，上網輸入建案名稱，通常可以找到公開的開價資訊，如果一坪開價 80 萬元，就能知道總價落在 2,640 萬元～ 4,480 萬元。當對方問你預算大概多少？你若回答「2 千萬左右」，對方一定會在電話那頭不斷向你「曉以大義」，說明總價全都超出你的預算，想要讓你打退堂鼓，因為他不想浪費時間。但如果你回答「4 千萬左右」，就等於給出了「我一定買得起」的訊息，對方一定不會婉拒你的約看。

不過也要注意，如果你給出一個太過離譜的數字，也會讓對方質疑你的動機，例如「不超過 7 千萬都可以」，但是對方建案的總價最貴也就落在 4 千多萬元，你有這麼高的預算，為什麼要看這個

案子？要不就是你隨口胡說，要不就是胡亂瞎看。所以當你說出自己的預算時，一定要根據建案總價給出合理的答案。

在 Mobile01 的網路論壇上，也會有其他人的看後分享與討論，這些訊息在事前蒐集得越多，越能幫助你到現場的時候表現得對案子有一定程度的了解，同時也可以針對心中的疑慮聽聽對方的說法。

那麼，當對方問你：「請問你想看幾房的房子呢？」應該怎麼回答？

答案是：先往大坪數回答。如果建案同時有 2 房和 3 房，你若回答想找 2 房，銷售人員會立刻把你歸類為「買不起 3 房」的首購族。如果你對 2 房的房型不滿意，想要看 3 房，很容易得到「已經賣完了」的回答，而不願意讓你看 3 房的樣品屋，因為他會覺得你買不起，浪費時間。

反過來就不一樣了，先回答「想看 3 房」，這時候就算你想再看看 2 房，對方也不會拒絕，這就是「錨定效應」。在你和銷售人員接觸的第一時間，你帶給他的這些沒說出口的資訊，已經決定了他將如何接待你。

我不能說所有的銷售人員都這麼現實，也是有剛入行的年輕人，不分青紅皂白就把所有底牌掀給我看，不問我的預算和需求。但是越資深的銷售人員，往往越是敏感，不想浪費一點時間在不對的客戶身上。

有一次我和幾位朋友一起到台北市看某新成屋建案，該案總價大約在 6 千萬～ 8 千萬元。銷售人員是位 60 多歲的阿姨，一見到我們一行 4 人，就直接了當問：「你們是誰要買房？」一丁點也不想花時間跟沒有決定權的人周旋。我們因為看來年輕，她不斷懷疑我們的購買能力，介紹的過程非常草率敷衍。看完實品屋回到銷售中心，她問我的預算，我回答：「不超過 7 千萬元都還好。」而且我非常仔細詢問付款方式，並盤算著還款金。剛才一副不耐煩掛在臉上的阿姨，態度立刻 180 度大轉變，馬上把隱藏版戶型全部開出來，還熱心推薦我最優的次頂樓保留戶。以本書出版之前的最新法規，7 千萬元是台北市高價住宅貸款限制的門檻，超過這個總價只能貸款 4 成，所以有許多買家確實會因為這個門檻，只考慮 7 千萬元以下的房子，所以我這樣的回答非常合理。當然，不是每個人隨口說出「7 千萬也還好」這種話都能被採信，你的外表和談吐，也會是對方對你評價的重要參考。

所以，當你準備拿起電話聯絡約看，請先設定好自己的角色劇本：

1. 你想看幾房的？

2. 你的預算大概是多少？

3. 你從事什麼行業？

4. 為什麼要買這個房子？

請注意，如果你跟我一樣，是廣泛地看各種不同價格帶的物件，面對不同的建案，還得要有不同人設，才能符合每個建案不同的目標客群。準備好這幾題，保證銷售人員會端上好茶，熱情接待你。

2.

你必須看懂的圖

　　預售屋沒有蓋好的房子可以看，樣品屋也不是真正完工的樣子，那麼到底去接待中心要看什麼？我怎麼知道蓋好的房子究竟會不會像樣品屋一樣呢？

　　買預售屋，請你一定要學會看懂平面圖。有很多建商不說的祕密就藏在圖紙裡，如果看不出來，幾年之後交屋，很可能本來的滿懷期待會變成失望！只因為你沒有看懂這些細節。

　　接待中心準備的圖面資料，通常會有「樓層平面圖」和「家具配置圖」兩種，前者簡稱「平面圖」，後者簡稱「家配圖」。樓層平面圖是為了讓你知道公共區域有哪些設施、或是你指定的樓層各戶的格局。家配圖則是針對你指定的戶別，把室內空間配置和家具、衛浴的擺設位置畫出來，讓你想像住進去之後家具可以怎麼

擺。

通常，為了簡化圖面，平面圖和家配圖都不會標示尺寸，不過可以根據一些常規尺寸，作為比例尺來概抓空間大小。如果在買之前就想知道詳細尺寸，也可以另外向銷售人員詢問，請他提供。

樓層平面圖示意

買房，也買自由

家配圖示意

🏠 樓層平面圖五大 Check 要點

1. 棟距和朝向

從平面圖可以看出建物和馬路的方位，若這個建案本身有好幾棟樓，也可以看出棟與棟之間的關係。如果已經有屬意的房型，要留意一下自己窗戶的朝向，面對的是哪個方向？視野有無遮蔽？現在沒有，會不會以後有？從你的房間窗戶望出去，是不是會看到隔壁棟鄰居的陽台？甚至是客廳？這代表著別人也可以看到你，是不是會缺乏隱私？還要記得問問與鄰棟建物的棟距是幾公尺？如果少於 30 公尺，都會顯得壓迫。

2. 車道出入動線

未來如果將開車進出，車庫出口一直到主要幹道之間的動線是否流暢？有些建案因為位在舊街廓，四周可能是老舊公寓，巷弄狹窄，只能是單行道，那麼經常行駛的路線，會不會讓你覺得要繞遠路？又如果，你選的是低樓層，特別是 2 樓，就要注意是否正位於車道上方？這樣的戶型很容易被噪音、車燈光線干擾，因此通常這一戶也會特別便宜。

3. 電梯位置

你選擇的戶型，最好能遠離電梯。電梯是人來人往進出最頻繁

的地方，除了談話聲、腳步聲，也會有機器運轉的低頻噪音，還有抵達樓層的「叮～叮～」聲。如果你對噪音很敏感，請務必拉開與電梯的距離。當然如果是一層兩戶或是一層一戶，就沒什麼好選的，距離都一樣，但這樣的新式電梯大樓通常也偏豪宅類型，比較講究隔音。如果坪數較大，室內活動範圍也大，就比較不用擔心電梯噪音的問題。

4. 機房位置

遠離機房、中繼水箱。雖然現在大部分的新建案都不會把機房和水箱放置在住戶樓層，大多移至地下室，或是連頂層都感覺不到的「屋突」處，但還是有少數建案會碰到住家隔壁就是這些設備。所以挑選戶型的時候，務必請銷售人員調出當層、連帶上下樓層的樓層平面圖，察看你家上下左右四周是否有這些設備。不要忘記除了察看左右隔壁，上下樓層也要確認！曾經有案例，住戶的樓上是健身房，建商雖然再三保證健身房地板都鋪設有隔音墊，不會有問題，結果入住後還是每天被跑步機低頻的震動聲吵得不得了，只要有住戶使用，天花板就隆隆作響，最後每天都要吃鎮定劑才能入眠。

5. 公設位置

你家隔壁就是健身房、舞蹈教室、兒童遊戲室嗎？或者在住戶

要去公設的必經之路？大部分建案會把公設集中在某一樓層，而公設層不會出現住戶。但我也確實見過，有人家大門口就是游泳池入口的必經之路，每天人來人往。你會希望你家這麼熱鬧嗎？當然這樣的戶型一定要特別便宜，若你不怕吵，只在乎便宜，那也沒有什麼不好。當然如果你發現這樣的設計，那就是開口大砍價的好機會了！我不喜歡有泳池的建案，但如果建案本身有其它抵擋不了的魅力，我還是會妥協，不過我一定會避開與泳池同一側的戶型，不管幾樓都一樣，因為會吵到你不敢開窗！喜歡安靜的人，離泳池越遠越好。

🏠 家配圖八大 check 要點

1. 柱子在哪裡

拿到家配圖，第一件事先找「柱子」。柱子會以黑色實體方塊標示，先**看看柱子是在房屋裡面還是外面？**設計好的建案，會把柱子全部外推，不會佔到室內空間。不論柱子是在裡面還是外面，都是計坪的，但既然都要買單，在外面可以優化室內空間，才不會出現畸零轉角，又要花額外的裝潢費去修飾它。

家配圖通常不會標出「樑」的位置。但是等交屋後，一定會有大樑赫然出現在眼前，如果沒有做好心裡準備，可能會被不預期的

壓迫感給弄崩潰。我們可以用柱子來找出樑的位置，非常簡單，兩個柱子之間連成一線就是了。

　　所以這個時候，你可以**拿著家配圖，在樣品屋現場檢查，是否還原出樑柱的位置？**樑下高度是多少？有多粗？這些你都可以問銷售。比較誠實的建商，樣品屋會 1：1 真實還原樑柱位置還有天花板高度，如果有跟實際交屋不太一樣的地方，會用告示牌標示出來提醒。

柱子連線通常有樑

2. 用流理台深度當比例尺

怎麼樣才能評估圖面的空間比例合不合理，大部分人都會說用「地磚」來當比例尺，通常地磚尺寸是 60×60 公分或 80×80 公分。不過，有些建商或是代銷會連地磚比例都造假！他把每個磁磚都縮小，然後告訴你是 60×60 公分，如果你拿這個當比例尺，就會誤判真實的尺寸，還以為空間很大！

我曾經詢問任職於建商的設計師，他告訴我一個祕密——在圖上絕對不會被動手腳的，是「流理台深度」，還有「大門寬度」。這兩項的規劃，和建築結構的設計是同時進行的，所以這部分的尺寸，不是建商或代銷畫的，而是建築師，所以不能動手腳。地磚、家具、家電等，屬於室內裝潢的部分，是建築師將圖面交給建商之後，再由建商或代銷自行繪製，就容易有了灌水的機會。

廚房流理台深度一般是 60 公分，大門寬度則是 90 ～ 120 公分不等，根據坪數大小而定。你可以放心地用流理台深度當做比例尺，評估實際尺寸。室內門的寬度，通常房門為 80 ～ 90 公分、陽台是 70 ～ 80 公分。你還可以留意一下陽台的大小是否合理，我看過一張圖把陽台洗衣機畫得超小，但是用門當比例尺一看，根本一開門就要碰到洗衣機了，剩下也沒什麼空間，走出去都要側身，陽台小到爆！

此外，衣櫃深度也很重要。很多小戶型建案都會把櫃體畫得很淺，樣品屋現場也做得很淺，好放大空間。比例尺一放或現場實際

量一下，就發現連好好掛衣服都沒辦法，只能斜著放，根本超不合理。現實世界裡的衣櫃包含門片至少要 60 公分深，還原一下，看看扣掉衣櫃深度之後還有多少空間。

3. 管道間在哪裡

管道間通常位在廁所裡，是排水、排污管線的集中處，圖示為方塊中間有個叉叉，要注意管道間預留的尺寸比例是否合理。曾經有網友 po 出一張照片，是他坐在馬桶上，無奈地把雙腿膝蓋歪向一邊無法伸展，因為交屋後才發現管道間在馬桶前面的位置，但預留空間不足，卡住了他的腳，實在無語。建商的確是按圖施工，只是本來設計就不合理，但是因為買家也沒有經驗，沒有事先從圖面發現問題，等交屋還原了真實的尺寸，才發現整個浴室空間變得不倫不類。而管道間的位置和大小是無法更動的，最後只能嘗試調整馬桶的座向位置，但是又受限於預埋管路，能改動的幅度並不大。一個窄小空間裡究竟怎樣的尺寸才適合正常活動，可以用門或流理台的深度來做比例尺評估，否則看圖都會覺得空間很大，實際根本不合理！

4. 客廳有沒有採光

我個人完全不能接受客廳沒有充足的採光。所謂「明廳暗房」可是古人的智慧，客廳要亮，房間要暗。客廳是主要活動空間，沒

有陽光不但人會變得沒有朝氣，進而會影響運勢。我並不迷信風水，但有些風水的說法有著行為科學根據，因為居家環境會影響一個人的身心狀態，當精神狀態不好，一定會反應在工作與人際關係的表現，是環環相扣的。

房間的功能是睡覺休息，所以不宜太亮。但是每個空間都有窗卻很重要，這樣才能維持通風。陽光照進來多寡，可以用窗簾手動調整。

5. 房子朝向

座向通常以房子最大開窗面的朝向來定義，例如客廳落地窗朝南，則為座北朝南。朝向關係到日照和通風，基本上在北半球，座北朝南的房子會比較冬暖夏涼，通風性也最好，這也是傳統風水上認為座北朝南是「帝王向」的原因。反之，如果房子在南半球，則要座南朝北。

大部分人很介意西曬，不過以台灣北部多雨的氣候來看，新竹以北的房子西曬其實是比較好的，才不容易發霉。而中南部的日照很強，即使是寒流來襲的冬天，西曬的房間溫度一樣很難降下來，夏天就更不用說了，空調噸位都要比別人大，電費也會貴很多。

台灣夏天吹西南風，冬天吹東北風，中南部怕西曬的房子，最好的座向其實是「座西北朝東南」。這樣夏天會有微風從南邊徐徐吹來，又不會直接曬到西邊的太陽，還能躲開寒冷的東北季風。北

部如果想要西曬的，則可以選擇「座東北朝西南」的房子，會是最舒服的。

6. 冰箱擺哪裡

對小戶型房子而言，確認冰箱可以擺放的位置很重要。現在有很多 2 房戶型流理台規劃很小，仔細看，根本沒有切菜空間！流理台都不夠用了，冰箱只好擺在客廳。無論家配圖上是否畫出冰箱，樣品屋現場都是不會有冰箱的，動線規劃也常常和平面圖不一樣，特別是開放式廚房，只會看到美美的中島，想像在這裡一邊做菜一邊跟家人聊天的美好場景，卻完全忘記冰箱的家在哪？記得看一眼圖上的冰箱位置，和現場環境的差異，如果圖上沒畫，記得先規劃。

7. 廁所有沒有對外窗

雖然現在的新建案都會有管道間和抽風機讓濕氣散出去，但是有對外窗的廁所無論如何都會比較通風舒適，所以儘量選每間廁所都有對外窗的。不過現在小宅當道，很多建案都沒有辦法做到間間廁所開窗，這時候「暖風機」就很重要了！沒有採光通風的廁所，一定要搭配一台功率夠高的暖風機來維持乾燥，否則很快就會發霉給你看。所謂功率夠高，是 220V 一定比 110V 的暖房效果更好，可以事先詢問預留給暖風機的電壓是哪一種，如果只

留 110V 的，可以考慮在客變的時候修改，再自己更換比較好的暖風機。

8. 冷氣外機預留位置

冷氣外機位置會用 A/C 符號表示。規劃比較好的建案，會把外機預留位置安排在陽台以外的空間，不會佔用到室內坪數。如果陽台不大，冷氣外機最後會放在哪裡就更重要了，要記得確認一下是放在陽台內，還是外。就算陽台很大，機器放在那裡空間還是夠，不要忘了冷氣外機是用來散熱的，想像一下在炎熱的夏天，你正在陽台晾衣服，室內空調一開，老公在客廳沙發躺著舒服涼爽，你卻在陽台忍受著外機散發出來的高溫，不會生氣嗎？

另外，如果有可能使用一對多的空調，外機尺寸較大，或者有多台外機，就要了解預留空間夠不夠，滿常看到有人提出「外機預留空間不夠放，怎麼辦？」的問題。好的建商通常會幫買家設想得比較周到，讓你不用煩惱。但如果不是知名品牌建商，最好還是多問一句。

3.

糖衣包裹的樣品屋

　　請記得，你家未來絕對不會跟樣品屋長得一樣。樣品屋是客製化來刺激購買慾的，所以它的設計邏輯不是好用、實在，而是要好看、大方，甚至要能掩蓋缺點。學會了看圖紙之後，記得帶著平面圖或家配圖走進樣品屋，對照著看。

　　以下是樣品屋最常見的五種「偷尺寸」手法，請你仔細看，才不會被華麗的外表矇騙了。

一、樑柱位置沒有還原

　　有良心的建商，樣品屋會 100% 還原真實尺寸，該有柱子的地方現場就有，該有樑經過的地方也會出現。但存心隱瞞的建商，則會直接忽略這兩個部分，讓你在現場看不到任何樑柱，結果交

屋之後發現一根巨大的橫樑穿過了原本以為高挑氣派的客廳，或是柱子吃掉了原本規劃為鞋櫃的地方，這時崩潰已經來不及了。

二、隔間牆用玻璃或薄板

現在新建案的室內隔間都是採用輕隔間，只是看是乾式施工還是濕式，無論何種，厚度至少都有 8 公分以上。但很多樣品屋為了爭取更大的空間效果，會採用更薄的材質，反正樣品屋又不用考慮耐用和隔音，所以用玻璃或是單薄的木板取代，就會有空間放大的錯覺。有些更誇張的連隔間牆都不做了，房間直接變開放式空間，隔間只做一小段 40 公分意思一下。還遇過明明賣 2 房，卻說交屋只會做好一個隔間給你，講好聽是讓你保留規劃的彈性，實際上就是 1 房的坪數硬要賣兩房，都是瞎扯淡。

樣品屋也不會有房門，只有門洞，視線才能有穿透感，而且門洞會開得特別高，讓你覺得有挑高的感覺。事實上，常規交屋時，門都是 210 公分的高度，要像樣品屋那樣開到 240 公分，需要多花錢客變，或者自己裝潢的時候再重新開孔挖大，建商給你的門也用不上，需要特殊規格訂製。要做出像樣品屋大氣的感覺，其實是要再另外花錢裝修才會有。

三、用虛線標示空間

有時候因為樣品屋現場本身的建築限制，不能百分之百實際

還原陽台，就會在地上用虛線標示陽台範圍，但這很容易讓你誤判實際的空間感。我還看過連大門、玄關都用虛線表示的，不知道自己是在看樣品屋還是玩大富翁。

樣品屋窗外的風景和最後交屋的實際景觀一定是不一樣的，你千萬不能被現場的景色迷惑。我看過一間樣品屋，房間用大片透明的落地窗，窗外是一片青山綠水美不勝收，走近一看，卻發現下半部貼上虛線貼紙，框了一個小到不行的範圍，寫著「實際窗戶尺寸」。在我身後進來的兩位美眉，興奮地討論著這個房間的採光有多好，我真不知道是否該現場就戳破她們的美夢。

此外，陽台外牆，也就是女兒牆，在現場看到的可能是美美的玻璃材質，視野穿透無遮蔽，於是你開始幻想在涼爽的午後坐在陽台，啜飲一杯清涼的飲料，望著戶外美好的永久視野。沒想到最後交屋，一半的視野都被女兒牆遮蔽，因為根本不是透明的。

四、鞋櫃請自行變魔術

樣品屋不會有鞋櫃，那麼鞋櫃要放在哪裡？樣品屋一進門的玄關位置，通常會設計成通透的陳列櫃，或是直接假裝沒有鞋櫃，讓你一進門看到客廳就驚呼好漂亮。但是不要忘記你家一定要有鞋櫃，樣品屋現場的進門空間有地方安排鞋櫃嗎？陳列櫃的深度足以取代變成鞋櫃嗎？也許有些人會覺得，有差嗎？反正可以全部重新裝潢，讓設計師去煩惱就好了，現在長怎樣沒差。

但我聽過設計師好友訴苦：「我們是設計師，不是神仙！」設計師可以幫你修飾房子的缺點，強化它的優點，但你不能期待挑了一顆爛蘋果，卻要設計師幫你作法變出新鮮水果。格局挑爛了，神仙都救不了你！

五、衣櫃只是展示櫃

注意看，樣品屋的衣櫃深度可以正常掛進衣服嗎？還是像精品店的展示櫃，做成透明又開放式，實際上根本掛不了衣服？或是衣服要斜的掛？正常衣櫃的深度需要 60 公分，很多家配圖和樣品屋現場都會為了偷尺寸把櫃體做淺，等到交屋了，按實際尺寸訂製衣櫃後，才發現連走路都很困難，甚至是衣櫃的門根本打不開，會碰到床！如果你對尺寸沒有概念，建議看房時隨身攜帶捲尺。

走進樣品屋之前，記得帶上銷售人員給你的圖紙，現場直接比對。如果沒有如圖還原，一定要提出質疑。銷售人員有時候並不一定會知道確切尺寸，當你問他樑的高度、寬度，他支支吾吾答不出來，最好對這個案子持保留態度，除非他能提供更詳細的圖面。

最後，一定要確認樣品屋展示的裝潢與設備中，哪些才是最後交屋真的會附帶給你的、哪些只是廣告參考？銷售中心現場的樣品屋、文宣品、廣告文案，全都是可以列為證據的，如果未來交

屋發現與當初承諾不符，將涉嫌違反公平交易法的「廣告不實」，
是可以向公平交易委員會檢舉的。

38 項規格 check！
建案好壞一目瞭然

　　預售屋因為付款期程拉到好幾年，比起成屋一簽完約就要拿出 2～3 成的頭期款現金來說，相對輕鬆許多，所以如果手頭沒有太多現金，預售屋是個不錯的選擇。

　　但也正是因為預售屋的交屋時間拉得很長，風險和變數當然變得更多。特別是在房市多頭時期，平常口碑不怎麼樣的建商，也會趁著市場熱度一起雞犬升天，直到交屋的那一刻，建商的實力和誠信才能見真章。

　　所以在決定要不要約看之前，我會先在網路上做功課，除了了解大概的開價、地理位置，最重要的，是**要知道「建設公司」，還有「營造廠商」是誰！**

　　預售屋收了錢之後才開始蓋房子，看不到成屋，只能依賴建商

的「人品」，相信它會如期如實交付房子，也因此在選擇預售屋時，建商的口碑絕對是第一要件！特別是在房市過熱的 2021 ～ 2022 年，有非常多的「一案建商」橫空出世，根本不具有足夠的建設經驗，配合的營造廠也是來路不明，他們搭上房市的多頭列車趁機撈了一筆，卻沒有足夠的財力面對接下來的原物料漲價問題，一旦槓桿開得太大，資金鏈立刻斷裂，房子蓋不出來或蓋到一半，變成「爛尾樓」。運氣好一點的，還找得到大型建商接手繼續蓋下去，如果連大型建商都不願意接手，就是兩手一攤宣告倒閉，所有付出的錢有去無回。

　　所以看待預售屋，選擇老字號、有信譽的建商，絕對超級無敵重要。但要怎麼知道建商的信譽呢？還是那句話：網路上做功課！如果你怎麼查找，都沒什麼人聽過或討論這間公司，通常就代表它沒有什麼實績，所以沒有累積口碑，這樣的建商，我是連約看都不會考慮的。

　　至於建商和營造哪個比較重要？我會說是建商。因為好的建商，會培養自己的長期配合廠商，也會建立自己的營造標準，畢竟蓋出來的房子如果遭投訴，拖累的是建商的信譽，如果營造本身不夠優秀，也配不上好建商多年來打造的名聲，所以只有好的營造，才會被好的建商錄用。因此如果是老字號的品牌建商，我對於它的營造相對就會比較放心。但如果建商品牌一般，我就會特別在意營造，再針對營造的名聲做一番打聽。

從工地現場其實也能大約看出營造的素質。一個好的營造，工地現場會非常整潔有條理，你不必真的進入工地，只要開車在工地外圍繞一圈就知道了。如果你看到工地現場建材散落一地，甚至都擺放到大馬路上，圍籬蓋得歪七扭八，該有的告示牌也沒有設立出來，進出的工人又一副吊兒郎當的樣子，這樣一個欠缺管理的工地現場，你能期待它蓋出來的房子品質有多好嗎？

　　事前的篩選工作做完了，至少知道這是可以令你安心的建商了，接下來，就是看喜不喜歡建案本身了。不過房子還沒蓋出來，去銷售中心現場到底要看什麼呢？

　　我在走進銷售中心之前，都會先到基地現場繞一圈，看一下周邊環境。注意，因為接待的銷售中心位置和建案基地不一定在同一處，所以除了知道接待位置，還要另外確認基地位置，這是在電話中就可以事先詢問的。基地位置，才是買的房子將來實際的生活環境，所以事先繞一下，可以了解基地大小、街道巷弄的樣子和周邊建築的距離是否太過壓抑、有沒有景觀、這一帶街坊鄰居的生活方式、生活機能，還有出入的動線等，這會讓你在走進美美的樣品屋之間，先理智地對建案條件有基本想法，才不會只看到裝潢屋美美的樣子就暈船了。

　　接下來，看樣品屋之前，銷售人員應該給你一些文件和圖紙，是建案的基本資料，還有房型格局的圖面。有些問題不一定會在紙本資料當中看到，有時他們會以影片方式解說，如果還是沒有看到

答案，就要開口詢問。

　　下頁表格是我自製的建案看房筆記，分享給你參考。如果你一天看好幾個案子，遲早會對每個案子的細節出現混淆，所以我會在當天就把細節整理並記錄下來，幫助自己做比較和判斷。

看房筆記表

參觀日期	2023/3/3		
建案名稱	XXXX	交屋狀態	精裝
建設公司	XX	車位型態	平面
營造廠商	未定	地下樓層	B4
基地坪數	527	第二門廳	有
基地位置		坡道斜度	B1 以上 ⅙，以下 ⅛
土地分區	住商混合	電梯品牌	Mitsubishi
建物用途（建照）	住宅	衛浴品牌	TOTO
住宅戶數	67	廚具品牌	日本
店面戶數	3	送淨水器	有
總共棟數	1	全熱交換	無
樓層數	15	全棟軟水	無
梯戶比	2:5	樓板厚度	水泥層 18cm + 隔音 5~7cm
公設比（%）	30.8%	天花高度	板心到板心 3.2M，交付明管裸露 2.9M，樣品屋 2.7M
公設施	2F 交誼廳兼媽媽廚房	窗戶等級	YKK 6+6 膠合玻璃
游泳池	無	防水保固	5 年
拼戶方式	朝西北 43 坪 *2 +25 坪 *1 + 朝東南 37 坪 *2	報價房型	A2/3F
開工日期	2023/3	朝向	坐東北朝西南
完工日期	2026/3	坪數	43.01
建築工法	RC	開價（萬）	46.3
連續壁深	29M	折扣	-3 萬
當層排氣	有	車位（萬）	B2 層 200、B3 層 190
當層維修	無	預估車位價（萬）	200
中繼水箱	無	優惠房價（萬）	1862
轉管樓層	B1	預估總價（萬）	2062

問題很多很細，乍看之下也許會覺得有點煩，不過，這些問題都是將來會深深影響居住品質的關鍵！當然，每個人在乎的地方不一樣，細節越多，也會反映在價格上，我們會發現越重視細節的建案，價格通常會比其他建案來得高一些，這就要自行取捨，可以增減自己認為重要的問題。畢竟沒有100分的房子，把細節記錄下來，攤開來比較，再從中按照自己重視的標準去做排序取捨，這樣能夠幫助自己做決定。

以下針對每個問題，說明我認為它重要的理由。

建商與營造

這兩項的重要性在前面已經提過，兩者之中，又以建商比較重要。因為好的建商，錄用的營造一定不會太差，但是如果建商口碑一般，這時營造就會是決定最後建案品質的關鍵。建商與營造口碑，一定要自己上網做功課。

基地位置與坪數

基地位置決定了將來在這裡居住的周邊環境與生活機能，以及交通動線，一定要記得到現場實地勘查。而基地坪數會影響社區戶數，以及是否有機會做出社區自己的綠覆蓋與法定退縮空間，300坪的基地和3,000坪的基地蓋出來的社區，樣貌一定是不一樣的。

在寸土寸金的台北市，幾乎很難出現超過千坪的素地，大部分

都是透過危老都更取得的土地，超過 500 坪已經算是大坪數基地，而像這樣不到千坪的土地，不要說無法蓋出大氣又自帶庭園造景的建築，就連平面車位都是一種奢求，大多會是機械或是倉儲式車位。

土地分區與建物用途

土地使用分區決定了建物是否有可能成為合法住宅，這一題超級無敵重要，可是常常被忽略！

工業地，上面的建築物只能是廠辦、宿舍、一般事務所，不能成為合法住宅！有些建商會拿乙種工業地來打擦邊球，蓋「一般事務所」，也就是工作室、小型辦公室使用，卻營造出像家一樣的氛圍，讓你誤以為是合法住宅！毛胚屋賣給你，然後告訴你再自己「二次施工」就可以。工業地的房子會比一般市價便宜 3 成左右，但如果買到這樣的房子，不但貸款成數低，一旦被檢舉作為住家，就要立即恢復原狀，還有可能被罰款。

而商業用地或是住商混合地，其上的建物除了可規劃為辦公室，也可以是住宅，這在建照一開始申請的時候，就要一起送審。所以如果土地出現商業用途，這時候就要看「建物使用執照」記載的建物用途，如果建物用途出現「住家」、「住宅」、「集合住宅」等字樣，則是可以合法安心居住的房子。只是這樣的建案，通常會規劃部分空間作為商業使用，可能是辦公室，或者一樓出現店面。

住宅戶數

社區型住宅，戶數多寡將決定未來在社區裡的生活品質。戶數太多，召開區分所有權人會議的時候，人多嘴雜，難以形成共識；但戶數太少，管理費就會偏高。我會建議戶數在 100 ～ 400 戶之間是比較合適的，超過 400 戶的建案，我個人不考慮。

店面戶數

一樓的店面數量如果多，難免會比較吵雜，好處是下樓採買比較方便。有店面的社區，要稍微關心一下是否會限制營業種類，有些比較講究質感的建案，會嚴格禁止帶來油煙的餐飲類店家進駐，在招商的時候做篩選。當然，最後的實際管理權是落在交屋之後組成的管委會，但是建商一開始的規劃，會凝聚有共識的住戶，對於後來在管理上的精神傳承，也會有一定的延續性。

梯戶比

電梯和每層戶數的比例，會影響每天等候電梯的時間長短，電梯越少、戶數越多，等電梯的時間一定會拉長。看梯戶比的時候，還要同時參考總樓層數，一樣是 2 梯 5 戶，15 層共 70 戶與 21 層共 100 戶，後者的等待時間一定也會比較長，這時除非採用的是高速電梯，才能提升等電梯的效率。

理想的梯戶比是 1：2 以內，最差也要 1：3。不過暫且撇開電

梯有幾部，就樓層戶數來說，我認為一層超過 5 戶就偏多，已經開始影響居住品質。再把電梯配比放進來考慮的話，2：5 是我認為的極限。

就不用說那種一層十多戶卻只有 2 部電梯的規劃了，這是套房型產品比較容易出現的情況。我也曾租過一層 13 戶配 2 部電梯的社區，總共有 22 層，能下地下室停車場的電梯卻只有一部。當時社區剛交屋沒多久，整層 13 戶只有我一戶在住，其他樓層有些零星的裝修，我為了等到能下地下室開車的那部電梯，每次都要花 3 分鐘以上，真不敢想像整棟樓等大家都入住了，塞電梯會塞得多可怕！還好我沒有等到那個時候，就另找住處搬走了。

公設比

2003 年那場蘆洲大火，讓政府重新檢視了消防法規，從 2005 年開始，規定 8 層樓以上的建案應設 2 座直通安全樓梯，11 樓以上需有排煙室；又考量到殘障人士的逃生方式，也訂定了逃生梯間的寬度、梯深以及每層樓的梯廳尺寸。這些加起來，便把公設比拉到了 30% 以上。現在的新建案公設比低於 35% 已經少見，低於 30% 的可以說是絕版稀有。

要注意的是，社區中庭、園林造景那些「沒有屋頂」的地方，並不是公設比的一部分，這些屬於「法定空地」。所以如果建商告訴你：「你看，我們的中庭這麼大，有這麼多戶外設施，網球場啊、

籃球場啊，所以公設比 40% 很正常。」這就是在唬爛你，沒有頂蓋的，都不能列入公設，這只是建築法規上為了日照、通風、採光、防火等目的所做的限制，只是它美化了這些空地，雖然是美意，但不能拿來列入公設要你買單，是本來就要「送」的。只不過，建商如果在這些地方花了越多錢，自然也會從房價裡面反映，跟你要回來，即使不是放在公設裡，也會用比較高的賣價來反映成本。

游泳池

這一項我單獨列出，不是因為我很喜歡游泳池，正好相反，泳池對我來說是扣分設施。我從中學開始就住在有泳池的大樓社區，泳池的記憶，大概到我高二就停止了，漸漸地，泳池只在夏天開放，再後來，因為社區人口老化，那些當年會去游泳的孩子都長大離家了，沒有人再去，就廢棄成無用的蓄水池，真正的使用期間只有十年。

如果不是以退休人士為主的豪宅，那麼泳池就會是一個充滿小孩的設施，幾乎都是小朋友在玩，副作用就是很吵。如果社區有露天泳池，我會挑選背對泳池的戶型，絕對不要正面迎戰，否則保證不管幾樓，小孩的尖叫聲都會讓你崩潰。也因為我使用的機率很低，繳管理費養泳池給別人家小孩玩，我不是很樂意，呵呵！不過每個人的喜好不一樣，或許你是泳池愛好者。

但我想提醒，在法規上，真正的泳池是水深超過 1.2 公尺，或

是有 25 公尺以上的水道、面積超過 50 平方公尺。符合法規定義的泳池，必須聘請專業救生員在場，這個開銷會是管理費中很重的一部分。只有走擦邊球的「蓄水池」，不需要聘請救生員，如果建商跟你說這是「戲水池」，所以不需要救生員，就代表在建照申請的時候，它並不是真正定義的泳池，如果你是游泳愛好者，就要關心一下它的水深，很可能未達 1.2 公尺。

拼戶方式

你是否想像過，住在你家對面的人家，會是什麼樣的人？如果一個建案有十多坪的套房型，也有 70 坪的豪宅型，你認為住戶們會用什麼樣的方式跟鄰居互動呢？

開社區大會的時候，豪宅屋主說：「我提議增加警衛，把現行的兩班制增加為三班制，管理費每坪提高 20 元沒關係。」套房屋主說：「為什麼要增加？我覺得現在這樣就可以了！管理費一坪 80 元已經很多了！再增加我的負擔太重！」天天吵這種事情，請問日子要怎麼過？

「均質」非常重要！也就是說每戶的坪數差距不能太大，坪數背後通常反映了屋主的經濟條件，小戶型是首購族，大戶型是退休族或高資產人士，兩種經濟條件非常不一樣的人住在同一個社區，在公共管理的議題上，是很難形成共識的。所以我挑建案的時候，一定會考慮均質性，戶數太多、坪數差異太大，我都不會考慮。

開工日與完工日

知道什麼時候開工和完工，和財務規劃有關。當開工的時間越近，需要一次拿出來的錢越多。隨著工程進行，如果這時候才簽約買了房子，那麼從開工以來的每期工程款，你都要一次補足。也就是說，當你越早訂購簽約，付款期程拉得越長，準備的時間越多，壓力會比較小；但越接近成屋，資金壓力就會越大。

一般來說，預售屋的付款期程分為訂金（定金）、簽約金、開工款、工程款、貸款和交屋款。在決定買這間房子時，需要先付一筆訂金，這筆訂金有時也稱為「斡旋金」或「小訂」，通常是 5 萬～10 萬元，表示有意購買這間房子。銷售人員會請你簽一張粉紅色的訂購單，也就是俗稱的「紅單」，上面會寫明在幾月幾日前需完成簽約，同時把合約書範本讓你帶回家看，消保法規定有 5 天的審閱期，在這期間可以不需要任何理由就主張取消訂購，要求全額退款。

注意一下為什麼會有「訂金」和「定金」這兩種不同寫法。通俗來說，「訂金」是如果買家反悔，這筆錢可以退還；而「定金」是民法的正式用語，含有對於契約的承諾擔保意思，如果買家反悔，賣家可以將這筆錢沒收。這兩種寫法很常被通用混淆，如果真的進入訴訟，法官還是以買賣雙方真實的意思表示為主，不會拘泥於字面。

因此，你付了這筆「訂金」，拿到契約書範本後，在契約審閱

期內，可以隨時反悔主張把錢拿回來。如果到了簽約，這筆訂金就會轉為正式的「定金」，也就不能再主張無條件解約了。

審閱期結束後，如果確定購買，則在簽約之前，銷售人員會要求你在幾天內補足「定金」，通常是 3 ～ 7 天內。如下圖表格案例，如果定金議定是總價的 3%，是 61.86 萬元，而你在簽紅單時只支付了 10 萬元，那麼在簽約之前就需要將差額 51.86 萬元補足。

	訂 / 定	簽	開	結構	景觀	貸款	交屋
付款方式	3%	7%	2%	0%	3%	80%	5%
小計（萬）	61.86	144.34	41.24	0	61.86	1649.6	103.1

簽約之後的幾日內，又需要將「簽約金」補足，通常是一週內。定金加簽約金這兩部分，通常會佔總價的 10%。開工之後到交屋之前，屬於工程款，通常在三～四年之間分期支付，有些建商要求月付，有些按期程規劃每季或每半年支付，工程款通常會佔總價 10% ～ 15%，除非是總價達到限貸規定的高價住宅，貸款成數低，那麼建商要求的預付款就會更高。

房屋點交後，需要再支付 5% 的交屋款，剩下的款項，則由貸款支付。從定金、簽約金、開工款、工程款到交屋款，貸款以外的，就是屬於「自備款」。

交屋款的部分要注意，有些無誠信的建商會把這 5% 改成「5

萬元」，這是違規的。內政部對於預售屋合約規範訂有《預售屋買賣定型化契約應記載及不得記載事項》，清楚規定買方有權保留「房地總價 5%」作為交屋保留款。所以如果你看到修改成 5 萬元的合約，是可以向地政局檢舉的。

貸款最後拿到的成數，有可能超過當初預期，所以自備款會有部分「溢繳」給建商，這時候貸款就會有部分不需要再拿去支付，相當於手上會有多餘的現金可以利用，例如建商當初設定自備款共 25%，但是最後銀行放貸成數 8 成，則你手上會有 5% 的多餘資金可以利用。大部分建商都會比較保守，要求先支付 25% ～ 30% 的預付款，但是通常新成屋的貸款都可以達到 8 成。

建築工法

攸關房子的「耐震程度」，也關係到「房屋稅」！

建築結構通常分為 RC（鋼筋混凝土）、SC（鋼骨，或稱 SS）和 SRC（鋼骨加鋼筋混凝土）三種。通常按照大樓的高度來選擇工法，15 層樓以下的建築普遍使用 RC 工法，SC 因材料較輕，會使用在 30 層樓以上的超高樓層，而 SRC 則在 15 ～ 25 層樓高度的建築比較容易出現。

RC 因為是硬質的混凝土為主，剛性較強，所以地震來時搖晃的感覺是最小的，但是容易開裂。而 SC 使用的是鋼材，是比較柔軟的材質，因此地震來時搖晃感最強！也因此只要是 SC 結構的建

案，都會另外加上「制震器」，然後宣傳說這是「鋼骨制震宅」，其實是因為鋼骨結構本來就必須加制震，否則會晃到不行！

921 大地震之後，我們的建築法規對於耐震係數已經提高要求，基本上只要是 2003 年之後取得建照的房子，都是符合耐震 5 〜 6 級的，不論它採用的是何種工法，或者強調制震、避震還是隔震，只要有確實施工，其實都不需要太擔心，關鍵還是慎選建商和營造廠。

房屋稅的計算方式除了與屋齡、坪數大小和路段有關，還和建築成本脫不了關係。建造成本最貴的是 SC，如果在相同地點、相同坪數和屋齡的房子，SC 結構的房屋稅會比其他的都要貴上不少，電梯大樓的房屋稅也會比透天來得貴。如果你以前住老透天，現在要換到 SC 大樓，千萬不要低估了暴增的房屋稅！

連續壁深

這一題關係到地震來襲時建物的堅固性，是在「土壤液化紅色區域」比較需要注意的。

土壤液化指的是地表下 20 公尺內的土壤，土層為砂土且水位很高時，在受到較大地震震動後，引起土壤中孔隙的水壓力增高，使砂土失去承載力，造成建築物下陷或傾斜。

中央地質調查所有個「土壤液化潛勢查詢」網站，只要輸入地址，就能看到所在地屬於土壤液化的高、中、低潛勢區，紅色代表

最需要留意的高潛勢區。如果房屋位在高潛勢區，在這裡蓋房子的建築工法就要比低潛勢區再更講究一些，動土挖地基的時候，要扎根得更深入，才能確保建築物在地震來襲時不會輕易倒塌。

如同耐震工法，在 921 地震之後設計興建的建築，都已經考量到土壤液化問題，可以達到抗液化的安全性，地下室開挖超過 20 公尺就不會有液化問題。越高的建築，連續壁的深度也要更深。越講究品質的建商，對於連續壁的深度和厚度，都是超過最低限度的法規。

連帶這一題，有時我還會詢問「水泥磅數」。水泥磅數（psi）其實就是水泥的強度，超高樓層建築在越低樓層使用的水泥強度一定要比樓上的高，才能承載更大的重量，而即使是鋼骨結構，外圍也多少會批覆水泥。一般來說，15 層樓以下用 4,000 磅就夠，但好的建商會使用到 8,000 磅水泥打地基，依次向上過渡至 6,000 磅、4,000 磅。

雖然現在的法規和建築技術不太需要擔心土壤液化的問題，問到水泥磅數更是略顯刁鑽，但是這可以幫助我更了解這是不是一家自我要求高的建商，增加對建商信用的評判。

當層排氣

有當層排氣，鄰居的廁所臭味才不會飄到你家。以前的建築在設計廁所排風時，是一根煙囪到頂樓，每層樓的風管像樹枝一樣連

接到共管，所以如果鄰居在廁所抽煙，你馬上就能聞到。有時候颱風天，強風從頂樓風管倒灌進來，還會把廁所天花板的維修孔給掀起來，我的老家就是這樣。我老家是三十年的電梯大樓，到現在每次回家經過廁所，都能聞到一股惱人的煙味。

所以現在的新式設計，也已經改良了這一點。當層排氣已經是新建案的標配，如果你發現沒有，這樣的房子千萬不要買！

當層維修

指的是如果你家廁所地板漏水，不需要掀開樓下鄰居的天花板，就能自行維修。相對地，樓上鄰居漏水，也不會來煩你。這樣的設計必須在樓板之間預留一定的深度，會大幅增加建築成本，只有在豪宅比較容易出現。

中繼水箱

大家都知道中繼水箱很吵，還會有震動音，選戶型不能選離中繼水箱太近的，特別是水箱的隔壁與直下層。其實現在有很多大樓已經沒有中繼水箱了，以前之所以需要，是因為加壓馬達的技術有限，沒辦法一次把水打到 10 幾層樓以上，才需要在中間再設置一個中繼站。現在的馬達技術已經突破這個瓶頸，最新型的馬達可以一次打到 60 多層樓，根本不需要中繼站，所以很多新建案已經將馬達設置在地下室，不會影響住戶。若是有設置中繼水箱的建案，

就真的要留意一下位置。

轉管樓層

以前有個都市傳說：「2樓公寓最容易爆管。」早期的建築，確實有很多老公寓把廢水管路的轉彎處設置在2樓，但是現在新式建築早就改良這一點了。大部分會選擇在地下室或公設層轉管，不太會影響住家。但如果你買的是低樓層，還是了解一下，優良建商通常都會用圖紙詳細跟你解說轉管位置。

交屋狀態

預售屋最後是以毛胚交屋，還是精裝修交屋？有哪些裝潢或設備是建商幫你做好的？哪些是不包含的？請一定要事前搞清楚。樣品屋是為了讓你能夠想像未來家的樣子，所以全部都會做好做滿，但不代表未來交屋也會長這個樣子，通常落差會非常大！所以你的想像力一定要建立在弄清楚交屋時的狀態，也才能評估未來的裝修和採購成本。

車位型態

車位是平面、機械，還是倉儲式？是小車位還是大車位？車位一般分為兩種規格：寬2.3公尺和寬2.5公尺，不同大小、不同樓層、不同位置，價格都會不一樣。

地下樓層

指的是一共有幾層地下室，大部分建商對於車位都會做大致的戶型分配，通常購買的房子樓層越低，能夠購買的車位樓層也越低，代表要開車下越多層，才可以到達車位。高樓層的車位，會優先分配給高樓層住戶，這也跟購買的房屋價格有關係，越高樓層的房價越高，所以建商會把比較好的車位預留給高樓層買家。

第二門廳

現在比較有質感的建案，都會在 B1 設置第二門廳，也就是迎賓車道，像是去百貨公司的地下室停好車以後，進入電梯之前的廊道，這裡特別經過設計，提高尊榮感。有車人士大部分都會從停車場進出電梯，所以現在講究質感的建案，都會重視地下室的第二門廳，甚至整個地下室都會做裝潢設計，不再讓你感覺燈光昏暗又冷冰冰。我也見過有些豪宅會在第二門廳附近規劃專屬的置物櫃，讓住戶存放常用的車上用品，或是高爾夫球具。

坡道斜度

這題非常冷門，但是試想，如果你開心地買了一間房子，把心愛的車開進停車場，結果因為坡道太陡，不小心把你珍貴的車下巴給弄掉了，你會不會炸？所以關心車子的朋友，這一題很重要！法規規定車道坡度不得低於 1：6（圖紙通常以 $\frac{1}{6}$ 標示），意思就是

每 6 公尺的距離，上升高度不能超過 1 公尺，但是這個標準，有些喜歡玩改裝車的車主也無法適應，被 A 到的機率還是滿高的，這時候你可能要找到 1：8 的建案，不過這是很慷慨的建商才會有，把車下巴拆了可能是比較經濟的做法。

電梯品牌

關係到未來等電梯時的愉悅感，還有維修的風險。雖然我們選擇建案的時候，大概無法因為電梯品牌不滿意就不買，不過做選擇本來就是一個打分數的過程，都會希望儘可能看到優點，再挑出一個分數最高的。

台灣採用的電梯品牌，比較知名的有永大（Hitachi）、崇友（Toshiba）和三菱（Mitsubishi），品質相對穩定。不過在意品牌之外，電梯大小也滿重要的，豪宅大樓一般至少會有一部 17 人的，搭配 15 人的一至二部。太小的電梯，搬家時也比較不方便。

衛浴與廚具品牌

附屬設備是房子的化妝品，而做工和建材是房子的體質，體質絕對比化妝品重要，所以這部分做個記錄，參考就好，倒不是決定是否要買這個建案的關鍵。建築工法和用料是不可改變的，室內裝潢和設備都是花錢就可以更換的，我建議大家不要太在意設備品牌，如果不滿意，退掉自行升級即可。我們該在意的還是建商和營

造品質，如果房子本身蓋得零零落落，用再好的設備也沒用，千萬不要因為廣告上的高級進口設備就暈船，看清房子的體質比較重要！

送淨水器

大部分建商至少會在廚房檯面下附贈一支淨水器，現在大概也算是標配，而好的建商會規劃全棟淨水設備，這可以幫自己省下不少錢。

全熱交換機

中南部的霧霾情況比北部嚴重，所以中南部有不少建商都會贈送全熱交換器，同時有過濾 PM2.5 的功能。

全棟軟水

如果是在新竹、彰化、台南、高雄、宜花東地區買房，這一點實在太重要了！這些地區的水質屬於硬水，不但容易產生白垢，頭髮也會乾硬毛燥，是真的會想生氣的那種！所以在這些地區挑選建案，我會非常重視是否搭載軟水系統。軟水系統非常花錢，我曾經研究過價格，德國知名 BWT 系統光是一層 30 坪裝設全戶軟水，就要 30 萬元台幣。如果建商願意整棟設置，這麼大手筆，代表它是非常慷慨的建商，我也會為它加超多分數。

樓板厚度

決定了隔音。921 地震後的建築法規同時將樓板厚度從 12 公分調整為 15 公分，而在 2021 年 1 月 1 日後，又新增了關於樓板隔音構造的規範，要求新建案的隔音效果須控制在 58 分貝以下。

樓板厚度 15 公分指的是水泥粉光的完成面，表面再加上隔音墊、磁磚或木地板等表面材之後，厚度通常會達到 18 公分以上。而好的建案，在原始混凝土構造就超過了 15 公分，豪宅的完成厚度會超過 25 公分。

不過，我也看過號稱豪宅的建案，一問之下樓板厚度竟只有 15 公分，雖然符合法規要求，但也表示建商沒有追求，只是完成最低標準，在我心裡超級扣分，根本配不上自稱是豪宅。

天花高度

決定室內空間的氣度。以我們亞洲人的體型，居家空間的視覺高度在 2.8 公尺以上會是比較舒適、沒有壓迫感的。而考量到大部分人裝潢會做天花板，還有高樓消防會附帶灑水頭，這個空間會佔去約 40 公分的高度，按這個標準回推，地板到天花的淨高度需在 3.2 公尺，那麼從建築的定義來說，板心到板心就要抓大約 3.4 公尺。

當你來到樣品屋，銷售人員告訴你天花高度，或說樓層高度，你要和他釐清指的是板心到板心，還是室內淨高，或是裝潢完後的高度。豪宅建案板心到板心會到 3.6 公尺，如果是透天或樓中樓挑

高等則另當別論，一般建案會在 3.2 ～ 3.4 公尺。

窗戶等級

影響隔音、耐熱和抗風防水功能，而且你絕對不會希望再花錢自己更換，鋁窗非常貴，要把它視為房子結構建材的一部分。建案常用的品牌有日系的 YKK ap、三協、Tostem、不二太天，以及國產的中華、力霸、大同等，通常規格比較高的建案會使用日系品牌，價格比國產貴非常多。

但是影響隔音和耐熱效果的不只是鋁窗，玻璃等級也很重要。具有隔音效果的玻璃，至少要是 5+5 膠合玻璃，意思就是有兩層 5mm 的玻璃黏在一起，隔音效果會比中空的來得好。等級再往上走，會使用 6+6、8+8，超高樓層還會考慮隔熱與抗紫外線效果最好的 Low-e 複層玻璃，又稱為抗輻射玻璃。抗熱效果要好，必須至少雙層再加中空，不過究竟它是使用了單層還是雙層，很難事先知道，銷售文案通常不會寫得太清楚，這一點常常被拿來魚目混珠，買家通常看到 Low-e 就會覺得是頂級的。如果可以，還是儘可能事先問清楚，越負責任或是越有經驗的建商，比較能夠清楚交代。

防水保固

大家最關心的漏水問題。目前法規只要求結構體保固十五年，對於防水保固則沒有明確的規範，業界一般是一年。雖然保固期限

內不見得不會漏水，但是建商敢給越長時間的保固，就代表對自己的建設品質越有信心。防水保固提供一年，其實是最低標準，是對自己的建設品質很沒有自信的建商才會給這麼短的期限，比較好的建商都會提供到五年，高規格建商十年，頂級建商也有給到二十年的，不過也同樣會反映在價格上，這樣的建案價格都會比一般的貴。我個人的標準是五年，不到五年的我會直接淘汰。

以上關於建案的 38 項等級規格，是我這些年來看房的心得總結，也是做了非常多研究工作的成果記錄，把一般建案的標準與豪宅標準做了區分，讓大家心裡有把尺，看建案的時候就能分辨這是好的還是普通的案子囉！

最後我還是要強調，不論事前工作做得有多足，又或者建商給了多少承諾，如果「挑錯建商」，一切都是枉然。反過來說，挑一家好建商，老字號、有信譽，其實根本不需要在意那麼多細節，只要相信它就可以了。特別是在通膨持續不斷、建商原物料成本難以掌控的情況下，又加上央行對於建商貸款的信用管制趨於嚴格，財務體質不夠好的建商很容易賣了房卻蓋不出來，最後變成爛尾樓。

所以買預售屋最重要的，還是慎選建商品牌！在網路勤做功課，調查建商口碑，沒聽過的建商最好不要碰。

🪙 本章重點筆記

1. 約看房子前，記得先設定好自己的人設劇本。

2. 約看預售屋，先看大房型，再看小戶型。

3. 學會看懂圖紙，將大幅降低買錯房子的機率。

4. 樣品屋要和圖紙對照著看，找出「偷尺寸」的地方。

5. 設備送了些什麼不是最重要，該關心的是建材工法與建商信譽。

4

中古屋看房
不踩雷

如果預算充足，每個人都想買又新又大的房子，但常常我們會在地點和預算之間不斷拉扯，想住市中心，可惜預算不足，這時中古屋就會是權衡之下的選項。

　　由於本業的關係，我大量地幫屋主修繕房子，也因為委託包租的通常是屋齡較大、屋況較差的房子，我實在修繕過太多千奇百怪的中古屋疑難雜症，漏水排名第一不用說，白蟻、老鼠、無解的噪音，乃至凶宅、海砂屋、輻射屋，根本就是見怪不怪。

　　就由我這個老屋修繕苦主來告訴你，怎麼樣挑選一間不踩雷的房子吧！不過在開始之前，我想先建立一個觀念：屋齡一旦超過十五年，修繕問題就會開始慢慢浮現，千萬不要用新房子的標準去期待。

　　有人買了中古屋，要求漏水要保固、這邊有壁癌要修好、哪邊又有瑕疵要處理。其實更聰明的做法是，直接把這些問題變成議價的籌碼！直接砍價，用「現況交屋」，才是真的賺到。

　　我舉個例子，今天你看房時發現漏水，你想買，可是希

望屋主修繕好再交屋。屋主說好，回頭找了師傅估價，發現修好要花 10 萬元。這時屋主心裡會有兩個 OS：一是請師傅用簡單的方法處理就好，漏水瑕疵擔保半年而已，只要給我「凍」半年不會漏就好！二是答應你，也真的花了 10 萬元修好。

第一種情況，修繕費其實已經從 10 萬元降到 3 萬元，也算修好了，但是屋主會跟你說他花了 20 萬元，叫你不要再砍價了！第二種情況，他真的花了 10 萬元修好，不過本來心裡的底價是 1,950 萬元，這時候變成 1,980 萬元。

不管哪一種結果，其實都一樣，就是你失去了議價的籌碼。而屋主考量的不只是金錢的花費，還會把他在這件事上所花的「時間成本」也一起算進去，只花了 10 萬元，卻會用 30 萬元甚至是 50 萬元去計算，只花了 3 萬元，絕對會跟你說 20 萬元、30 萬元，還不保證能解決問題！如果決定現況交屋再自己修，本來可以直接砍價 50 萬元、80 萬元，現在屋主只願意讓價 20 萬元、30 萬元。

要求屋主幫忙修好房子再交屋，你絕對不會佔到便宜。精打細算的人，會直接用瑕疵作為議價籌碼，瑕疵越多砍得越多，買得越便宜！

雖然民法上關於交易物「瑕疵擔保」規定的期限是五年，五年內都可以主張權力，但實際上因為舉證責任在買家身上，你要有辦法證明這個瑕疵是出現在交屋給你之前。隨著交屋時間越久，將越難舉證，因此實務上要能成功判賠的機率非常低。也因為這樣，民間習慣把交屋後的漏水保固定為六個月。

　　如果交屋之後才發現漏水，想回頭找屋主處理，不是不可以，但我一樣勸你不要把時間精力花在這上面，因為房子已經不是他的，他永遠會選便宜行事的方案來處理！頂多吐一點錢作為賠償，但是你的官司費遠超過這個錢，你只是花了很多情緒跟精力在對付一件自己來做一定能做得比較好的事情。

　　買中古屋，挑容易看出問題的「裸屋」，用瑕疵議價才是王道，如果大量裝潢遮蔽讓你看不出問題的，我建議不要買！也千萬不要認為中古屋應該要跟新房子一樣，什麼問題都沒有。先有了這個基本觀念，再來談該怎麼挑選中古屋。

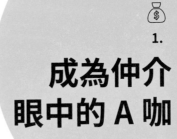

1.

成為仲介
眼中的 A 咖

　　為什麼有些人總是可以在第一時間接到仲介推薦給他便宜的房子，而有些人卻被冷處理呢？答案就在你和仲介互動的細節裡。

　　試想，今天如果你是汽車的銷售人員，突然走進一位客人說想買車，你問他想找什麼樣的車？為什麼買？預算多少？他全都說：「我不知道。」這時候，你該怎麼推薦他車子？同理心看待，賣房子最怕碰到不知道自己要什麼的客人。

　　不知道自己要什麼，如果在房市冷淡期又恰巧碰到一位很有耐心的仲介，有可能他會願意陪你耗，慢慢幫你釐清自己的需求。但是在大部分情況裡，他寧願把時間花在知道自己要什麼的客人身上。還有一種人，不是真的不知道自己要什麼，而是他不想讓仲介知道，認為這是自己的底牌，不願意說出自己的需求，卻要求對方

把菜端出來再說。

我不是仲介，沒有必要幫仲介說話，但是如果能掌握和仲介互動的節奏，就可以讓他成為你的助手，在第一時間把最好的東西分享給你，讓你掌握先機，比別人更有機會買到便宜的好房子。我跟仲介交手最多的是在租房市場，畢竟我是包租從業人員，仲介是我們重要的物件開發來源之一，所以我也從租房的談判當中，學習了很多與仲介交朋友的技巧。

而你這輩子可能只會與一位仲介交手一次，向他買一間房，所以接下來我會快速地告訴你應該掌握哪些技巧，讓你可以成為仲介眼中的「A 咖」，有好物件第一個想到你，但是又不會暴露自己太多，導致在談判時處於下風。

	一定要讓仲介知道的	不要讓仲介知道的
1	對坪數、房間數、區域、房屋類型的需求，可分為「一定要的」和「次要的」條件，越具體越好	你很急
2	預算範圍	你的真實底價和財力狀況
3	買房目的	你沒有決定權，要問家人

第一點，要開出明確的需求，仲介才能縮小範圍幫你篩選房子。不過，我發現很多買房新手在這一關最容易卡住，因為面對自己是最難的，很多人光是釐清自己想要什麼就重重卡關，今天想要的是這個，明天又變那個，善變的你，會讓仲介無所適從。

　　但是話說回來，我們想要的東西也常常是在看得越多之後，才會越來越清楚。我必須說，如果身為仲介，今天碰到一個這輩子第一天出來看房的小白，也要多擔待一點，每個人都會有這個過程，很少有人是一開始就知道自己要什麼的。

　　但是在看過幾間房之後，你一定會越來越有感覺，這時候再修正自己的需求，只要讓仲介感受到你的誠意，他們也不會太過計較。聰明的仲介即使看出你的好高騖遠和眼高手低，通常也不會說破，只能用現實去讓你變得更清醒。

　　這也是為什麼仲介在第一次的看房安排，通常會採取「配菜」模式，也就是一次安排差、中、好三種等級的物件讓你看，先測試你的喜好。一方面，也是為了讓價格能先有「錨定」效果，讓你知道你的預算只買得起什麼樣的房子。

　　第二點，你一定要給出一個預算範圍，否則他端出帝寶來，難道你會買？很多人會說「不要讓仲介知道你的預算」，這個意思其實是：不需要讓他知道你的真實底價。例如你想買 1 千萬元以內的房子，你可以告訴他 700 萬～ 900 萬元，至少不是太離譜的數字，仲介才不會端出幾千萬元、你根本買不起的房子，浪費彼此的

時間。

　　第三點，見面的時候，仲介為了了解你，一定會和你聊天，問你為什麼想買房子？是要自己住嗎？跟家人住嗎？還是投資？這也類似預售屋章節中我教大家的「人設」。要先想好你的劇本，當然正常情況下我們沒有要騙人，就是根據實際的目的來回答即可。

　　但我要告訴你一個祕密：仲介其實比較喜歡「投資型」買家。自住買家通常都是猶豫不決，要問家人、晨昏看房，甚至連自己要什麼都不知道，實在很花力氣。仲介喜歡「知道自己要什麼」的客人，而投資客對於行情有一定的了解、做決定也很明快，不會浪費時間做無謂的周旋。所以當你說是要投資用的時候，仲介通常會比較殷勤。

　　而你不應該讓仲介知道的是，你急著買房、你手上有多少現金、你還要問家人。這些才是你真正的底牌，讓對手知道的越多，對你的談判越不利。

　　當你的孩子即將呱呱墜地，下個月就必須買到一間房子，你也不可以表現猴急，談判的基本原則一向都是：誰急誰輸。既然你很急，不宰你宰誰？價格怎麼會有空間？所以無論你真實的情況是什麼，都要表現得淡定。

　　有些人說，連「表現得喜歡房子」都不可以，最好可有可無又若即若離的樣子。我用和屋主交手千百遍的經驗告訴你：沒有屋主喜歡把房子租給一直嫌棄他房子的人，賣房也一樣。你反而應該適

時表現出對房子的喜歡，讚美這個房子，這會在第一時間贏得屋主對你的好感。當他覺得你懂得欣賞，就會認定你是「有緣人」，更願意讓價給你！表現得百般嫌棄，對方只會覺得：那你就去買別的房子啊！又如果看不出你的喜好，總是可有可無的樣子，別說屋主，仲介都會覺得沒勁，不知道你的喜好到底是什麼，要怎麼推薦房子給你？

「嫌貨才是買貨人」的正確表現是，面對房子的缺點，你用客觀的口氣去表達，讓對方知道你雖然喜歡這個房子，但是這個缺點讓你有點困擾、或是會讓你多花錢，所以在議價的環節裡，再使用這些缺點來作為殺價的籌碼，但絕不是一面倒地嫌棄這個房子。

你手上擁有多少現金，決定了可以買多少錢的房子，也就等於是你真正的「底價」。如果一開始就被仲介掌握，他知道什麼樣的價格「你一定買得起」，最後你想議價的時候，就很難有說服力了！你失去了用哀兵政策哭窮的權利，誰教你亮牌了呢？

最後一點很重要的是，你必須讓仲介感覺「你是可以做決定的人」，他才會對你獻殷勤。如果每次對方反饋你訊息，都要等你「我問一下爸媽」，這就會是前面提到最難搞的一種自住型買家！當房市好的時候，他可沒有空等你！所以，你要讓仲介覺得他是在跟一個可以作主的大人講話，他就會搭上節奏和你頻繁互動，不會對你冷處理。當然，「和家人商量一下」在某些時機點，會是一個很好的藉口，幫自己爭取時間，不過一定要適當拿捏，不能每件小事都

要問別人，很快對方就會對你失去耐性。

和仲介交手，還有一個大忌，就是「亂出芭樂價」。

仲介最討厭的客人，是這種搞不清楚市場行情，只會像是菜市場買菜式的亂喊價型買家。下一個章節，我會教大家怎麼分析市場價格，怎麼合理出價。這裡先提醒你，出價是要有根據的，不能憑感覺亂喊，否則也會被列為拒絕往來戶！

對市場行情有一定了解、合理出價，又能清楚描述需求的客人，就能讓仲介把你放在推薦名單的優先順位。再加上你表現出誠意，用誠懇的態度往來，又會認真勤做功課，一定可以躍升為仲介眼中的「A咖」，獲得優質物件的推薦機會。

2

買中古屋必問！

本章開頭就提到，中古屋一旦超過十五年，一定會開始有大大小小的維修問題出現，不能期待它跟新房子一樣。但又說，面對漏水之類的瑕疵，最好選擇現況交屋自己修繕，和屋主周旋是浪費時間，也不會真的省到錢。那麼，如何在看屋時發現問題，就變得非常關鍵！

除了修繕瑕疵，中古屋很常出現「現況與權狀坪數不符」的情況，格局經過改動、外推，都是老房子很常見的！但這些不合法的增建坪數，如果遭到檢舉，很可能又要花一筆錢拆除，恢復原狀。「頂加」就是一種常見的違法增建，但是賣家卻會拿來作為加價的理由，雖然出租能有租金收益，但是你也要評估被報拆的風險，相較於為了這個違法增建多付出的房價，究竟值不值得。

以下我要分享中古屋最重要的幾個評估要點，當你拿到仲介給的資料，請你一定要先問這幾個問題，並且要求他提供資料。而這些資訊也會成為你出價非常重要的參考，知己知彼百戰百勝，你越了解屋主，掌握越多訊息，談判才會握有越多籌碼。

Q1. 屋主是什麼時候買這間房子的？

目前的房地合一稅，在兩年內轉售課 45% 的交易所得稅，第三年到第五年都是課 35%，只有超過五年以上，稅率才會降到 20% 以下。所以現在短期炒作的風氣已經大減，大部分人都會持有五年以上才考慮出售。也因此有些人認為，持有超過五年的房子比較有議價空間。我倒認為正好相反！既然課稅如此高，仍堅持要在五年內就轉手，一定有「非賣不可」的理由，要不就是急缺錢，要不就是投資客，取得成本非常低，這反而是你大刀闊斧砍價的好機會，但你一定要做功課，合理出價。若是堅持短期炒高價格的投資客，不肯讓價，你也不一定要買。

屋主的持有時間，除了多少能透露他的買房目的，還關係到他的成本，知道成本，你就越能精準出價。只要你出的價格拿捏到他「沒什麼賺、但也不會虧」，這就是對你最有利，而對方也能接受的甜蜜點，一定有機會成交！你隨意砍價，也許價格你很滿意，但是對方不一定能接受，這樣的買賣是不會成交的，反過來也是一樣，他開價離譜，你當然也不甘心。

實價登錄從 2012 年上路，現在也已經落實到門牌資訊，只要是 2012 年之後交易的房子，基本上都能查到交易價格。所以當你知道屋主大概在什麼時候購買，就越能在實價登錄上快速找到他的成交記錄，掌握他的取得成本。屋主的取得時間，也可以從謄本上看出來。

如果屋主才買不到一年，或者剛裝修完不久就要脫手，不是投資客就是這個房子有問題。一間正常的房子，不會有人才住幾個月就要賣掉，除非他一開始就是短期投資目的，或者房子真的有什麼難言之隱，讓他住不下去。

Q2. 現在為什麼要賣？

如果常看房，你一定對於以下屋主賣房的理由不陌生：移民出國住不到了、不夠住了要換大間的、工作地點調到其他地方了，這幾個是最常聽到的。但我也聽過「本來打算當新婚房，結果分手了」這類的理由。

其實賣房的理由百百種，有真有假，但只有一種情況，屋主是不會說真話的，那就是「缺錢」。如果缺錢才賣房，讓你知道了，豈不是被當豬宰？而仲介有可能知道真實情況，也可能不知道，但就算知道，多半也不會告訴你，除非你跟他夠熟。

我們問這一題，並不期待對方說真話，但依然有蛛絲馬跡可以交叉比對，來判斷對方是否「缺錢」。舉例來說，我有一間房子，

當時賣家告訴我的賣房理由是「想搬去跟女兒住」，但是我看房的時候，看到他滿屋子的珍貴石頭，他是一位寶石收藏家。閒聊之餘，他炫耀著一顆超級大又未經打磨的藍寶石，脫口說出他隔天要拿去市場賣，可以賣到 180 萬元。相談甚歡之際，又突然說，他在附近山上還有幾甲地也想賣，問我有沒有興趣？綜合以上，我想你也應該察覺，他有多缺錢了吧？只是單純要搬去跟女兒住，怎麼會需要賣房賣地，又賣寶貝石頭呢？

問了不一定會得到真實的答案，但盡量開口聊天，挖掘資訊，不論是見到屋主還是仲介，都要把握機會，一定可以從蛛絲馬跡找到一些線索，這些都會讓你在談判的時候立於不敗之地。

Q3. 這幾天才開始賣的嗎？

其實你要問出來的是「什麼時候開始掛賣的」。掛賣的時間，決定了屋主心態的變化。如果你在上架的第一時間就去看房，此時屋主對於價格的心態是最高的，除非缺錢缺到不行，急著趕快變現，否則一定會想 hold 住一段時間，看看是否有更高的出價。一旦戰線拉長，時間久了，一直沒賣掉，心態就會開始放軟，價格就會開始鬆動。所以，**賣越久的，通常代表越好談！**

同樣地，比較敏感的仲介會聽出你的弦外之音，會跟你說才剛出來，熱騰騰的，甚至會說還沒放到市場上，先推薦給你看！因為開價很實在！

聽到這句話，你要有所警覺，這就是在對你進行價格的「洗腦」戰，讓你一開始就有一個價格很便宜的印象。

但是你也有機會，聽到比較誠實的仲介告訴你已經賣一段時間，因為之前開太高了，現在已調降……等等，仔細聽他怎麼說，你可以從中找到一些線索，來判斷此時屋主的心態。

Q4. 房子曾有漏水或是修繕的記錄嗎？

有些屋主會誠實告知，透過仲介轉達，有些則不會。如果對方誠實告知有，你會省事一點；如果說沒有，你就更要睜大眼睛仔細看。

我看過一間房子，屋主已經搬走，帶看的是仲介。我在主臥的廁所看到一塊磁磚明顯隆起，仲介見狀連忙解釋說只是天氣忽冷忽熱才翹起來，屋主會修好，要我不要擔心，再三向我保證不是漏水。後來我走出廁所，繞到翹起磁磚的牆面外側，正好是走道的角落，就發現牆面上泛著一小塊壁癌，油漆都已經起泡。顯然這面牆壁裡面存在著積蓄已久的漏水情況，才會造成磁磚膨拱、外面長壁癌。我指出了這個問題，仲介尷尬地笑，說屋主跟他說沒有漏水，但是既然有，屋主一定會修好，要我不要擔心。

仔細看牆壁，特別是連接浴廁的牆面、浴室天花、房間或客廳天花與牆壁的交接處，以及窗框四周。這些地方是最容易滲漏水的角落，要仔細觀察是否有壁癌。如果你看房的時候是下雨天，那就

太好了，這是你觀察是否有滲漏水最好的時機，牆面是否出現水漬？摸起來是否有潮濕的感覺？

不過，通常屋況不太好的房子，賣家在出售前都會做簡單的整理，至少會重新粉刷，讓屋況看起來不至於太糟，因此有很多滲漏水的痕跡會被掩蓋。

這裡教大家一個實用技巧：敲牆。你在屋內走動時可以用手輕敲牆面，看看是實心水泥牆？還是表面蓋了一塊板子？特別是迎風面，也就是會被風吹雨淋的牆面。如果有蓋板情況，百分之百是這面牆長年有外牆滲水進來的情況，從裡面披上防潮布後再用矽酸鈣板封住，幾年之內水不會滲進來，但也大概不會超過五年。要徹底防水，除了從裡面處理，外牆也要重做防水，但因為從外牆施作成本較高，如果是高樓層，需要出動蜘蛛人或是吊車作業，比較經濟的作法是直接從裡面蓋板，把水擋在外面。如果發現蓋板情形，說明了房子存在大面積的結構性滲水問題，要進一步了解是否有從外牆施作防水。

潮濕、水漬、壁癌、蓋板，都是你議價的籌碼。

Q5. 屋主裝修過嗎？什麼時候裝修的呢？

如果你走進的是一間屋齡超過二十年的房子，但卻裝修得又新又漂亮，我勸你不要開心得太早。如果屋主是在一年內裝修，現在就要賣，道理同第一題，我保證他是投資客。投資客裝修的房子會

有什麼問題呢？不是自己要住的房子，你認為他會用很好的建材嗎？通常只是為了掩蓋問題！

只有真正自住的房子，屋主才會認真裝修。如果屋主真的是自住，花了很多錢裝修得美輪美奐，這樣的房子是捨不得賣的，會住很多年，住到裝潢都折舊了，有斑駁的痕跡，才捨得賣，這你是看得出來的。

沒有使用的痕跡，沒有生活感，卻有一個靠打扮撐起來的空殼子，你相信他自住？所以裝修太新的房子，一定不會告訴你真話，都會說是自住，然後瞎掰「本來要當新婚房，結果分手了，想要離開傷心地」這一類的鬼話。買了這樣的房子，很快就會原形畢露，該漏水的、該壞掉的，馬上就一一浮現。

我在後面的章節，會單獨一篇說明，為什麼你應該買「裸屋」，不要買人家裝修好的房子！

Q6. 請仲介調「建物測量成果圖」與「最新謄本」

如果你真的有意願購買這間房子，別衝動，下斡旋之前，先做這件事：請仲介幫你調出房子的「建物測量成果圖」以及「最新的謄本」。

中古屋如果沒有當初建商繪製的格局圖，可以用建物測量成果圖取代，這是每棟建物都會在地政事務所存有的資料，只要有門牌地址，你也可以自己申請。如果你想知道房子到底有沒有違建？坪

數正不正確？這張圖會告訴你答案。

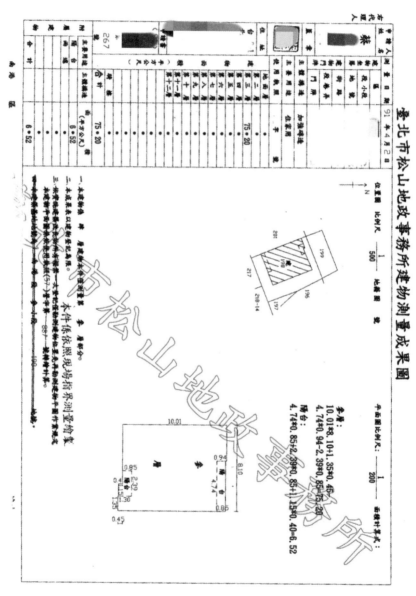

建物測量成果圖

圖上除了會標示出建物的位置，能看出建物座落於何筆土地以及它的座向，還可以看到建物的形狀、尺寸，以及陽台等附屬建物，但是不會繪製出室內的隔間牆。有了這張圖，你可以與現場環境實際比對，就能看出是否有陽台外推、前後院加蓋等違章情況。

　　早期建築法規並沒有「附屬建物」這一項，有些三十年以上的老公寓，現場可能有陽台，但權狀上卻沒有包含這部分的坪數，賣房子的時候平白無故少算坪數，後來政府才開放陽台補登，讓權狀與實際現況吻合，這也是你可以檢查的項目之一。如果他沒有補登，等於陽台是送你的，你賺很大！

　　還有，老公寓的坪數其實是包含部分「梯間」的，所以在圖上的建物形狀，會把這部分也畫進去，可能會跟你現場看到的有些不一樣。這會減少一些室內的實際使用空間，其實就是早期「公設」的概念，只是這部分的佔比很小，影響不大。

　　而建物謄本與土地謄本，可以在「建物所有權部」以及「土地所有權部」看出房子和土地的產權情況，所有人是否為賣家本人？或是共同持有還有其他人？是否有預告登記、查封、假扣押、假處分或破產登記等註記？這些註記稱為「限制登記」，也就是賣家可能與人有債務糾紛，這樣的房子或土地產權無法直接移轉，必須經過債務清償及塗銷的程序，才能順利過戶，這會屬於比較高風險的情況，如果真的想買，一定要請教專業的地政士弄清楚情況。

　　而在「建物他項權利部」及「土地他項權利部」中，可以看出

房子的債權情況，牽涉到屋主的取得成本還有財務情況，這是我們出價時非常重要的依據！下一篇會詳細解說，怎麼從謄本推測屋主心態，掌握屋主成本，提高出價和議價的成功率！

3. 中古屋這樣出價，成功率才高！

買房社團頭號問題：「請問屋主開這個價，我想殺到這個價，大家覺得合理嗎？」打開 YouTube 教人買房的影片，也經常談「怎麼破解仲介話術」、「殺價技巧」。

但在知道怎麼殺價之前，有一個大前提：挑對時機買，比怎麼殺價更重要！

在房市多頭時期，市場熱絡，也就等於你的競爭對手非常多，這個價格你不買別人買，別說議價空間，很多時候還是買家自己不停追價上去。一旦市場反轉，房市下行，看房的人變得很少，情況就完全反過來了，這時候是代銷和仲介整天追著你跑，只要你願意出價，都說一定努力幫你談！

所以在房市越熱的時候，你一定要越冷靜，不要被周遭的人影

響。房市冷了，像是現在 2023 年開始，以及接下來的二～三年，才是看房的好時機！就像我買第一間房時的 2017 年，市場上根本沒什麼人看房，屋主又缺錢急售，所以我幾乎沒什麼殺價就買到破盤價。這顯然不是因為我多會議價，單純是市場氣氛造成的。

所以買房的時機點，才是能不能買到便宜的關鍵，並不需要華麗的口才。當你的時機點對了，賣家有非賣不可的急迫性，價格才有鬆動的空間，然後才能進一步談議價的技巧。

中古屋從開價到成交，作為買方，談價格其實是分為兩個階段的：「出價」和「議價」。

當你看了一間房子後有意購買，你要先付一筆斡旋金給仲介，同時開出一個希望買到的價格，例如：屋主開價 1,280 萬元，你跟仲介說：「我要下斡 1,150 萬元。」斡旋金是為了證明你有誠意購買這間房子，仲介要向屋主展示確實有這樣一個買家，並且用你開的價錢嘗試跟屋主議價。如果仲介願意收斡旋金，就代表你出的價格有成交機會。儘管無論你出多少，仲介嘴上都會說「差太多」、「不可能」，但是只要他收了，其實就代表你開的價格並不離譜，是有機會談成的。這是第一階段的「出價」。

第二階段是當屋主認為你出的價格接近他心目中的成交價，但他可能還不夠滿意，希望再談一下，再加一點，這時仲介會約買賣雙方出來當面談。不過這個「當面談」，不一定是你真的會和屋主面對面坐下來直接談判，更多情況是被仲介安排在不同的房間裡，

由仲介跑來跑去幫買賣雙方磋商，這邊叫你再加一點，另一邊勸屋主再讓一點，希望最終達成協議，就能簽約。這個時候坐在房間裡談價格的你，才是在「議價」或「殺價」。

所以談價格分為「出價」和「議價」兩個階段。前面提到，挑對時機點買，比怎麼殺價更重要，而在這兩個步驟裡，「出價技巧」又比議價重要。

🏠 出價

出價是你能根據市場行情及屋主的心理狀態做出判斷，開出一個合理、成交機會又高的價格。所以這一步的關鍵是，你怎麼判斷屋主的心裡狀態？

首先，你必須掌握屋主的「成本」，如果你殺價殺過頭，低於他的成本，除非屋主欠一屁股債急需用錢，否則是不太可能願意賠售房子的，這樣的出價成交機率也很低。所以出價必須巧妙掌握壓在他的成本之上，讓他不要賠錢，才有機會成交，你又能買得便宜。

要知道屋主的成本，除了實價登錄以外，還可以調閱「謄本」，能夠看出更多端倪。

在「建物他項權利部」與「土地他項權利部」中，可以看出屋主當初向銀行貸款多少錢、是否有其他抵押權人，如果出現很多筆抵押，大概就能判斷屋主負債累累，缺錢缺很大，很可能代表要急

售，願意便宜賣！但如果有民間借款，也會有機率出現債務糾紛，如果你買了這間房子，有可能連累到你。比較正常的情況是，在謄本上只看到一筆銀行的抵押，也就是一般的房貸，你比較不用擔心會出現節外生枝的債務糾紛。仲介在這方面的常識不一定會比你豐富，但你可以提出疑問，如果仲介答不出來，或者回答模稜兩可，可以要求他幫你向專業的地政士詢問。

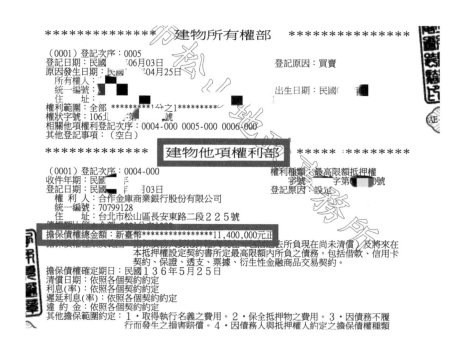

而從他項權利部上顯示的「擔保債權總金額」，可以推算出當初的貸款金額，也就能大致知道他的取得成本。如果屋主取得時間在 2012 年實價登錄上路之前，查無成交記錄，就可以從謄本上的債權情況，推測屋主現在是否還有房貸？是否有還款壓力？這也是關係到他成本的一部分，也就等於你出價的參考之一。

　　擔保債權總金額 ÷ 1.2 ＝ 銀行放款金額（銀行設定擔保時會將放款金額加 20% 來降低風險。）
　　銀行放款金額 ÷ 0.8 ＝ 成交價（以一般貸款成數為 8 成估算，需視屋主購入時的屋齡與年代背景，7 ～ 9 成不等。）

　　除了買房的成本，屋主另外還會有仲介費、稅費等成本，這些在你出價時也要一併考量。雖然從謄本能大致掌握屋主的持有成本，但在房市多頭的時候，許多賣家沒有在跟你講道理的，他就是覺得可以賣到這個價，那麼這個時候，你也必須拿出理性，不要追價。

　　實價登錄對買賣雙方來說，賣家看高不看低，買家看低不看高，成交就是在彼此的期待落差之間找到平衡點。作為買家，如果不是在房市寒冬，也不要期待可以買到比實價登錄還要低的破盤價，只要不離譜，你又真心喜歡這間房子，就是合理的價格。

　　前面看謄本的「底價」議價法，較適用在房市相對冷淡時期，

賣家心態較低。但如果在多頭時期，賣家才不管持有成本，一切看市場行情，這時候，除了從屋主的心態面來推測底價，你還必須知道如何正確計算「開價」，來判斷價格合不合理。

今天對方開了一個總價的數字，你要能落實到「每坪單價」，才能分析價格是否符合市場行情。學會看實價登錄是老生常談，但看實價的時候，不能看總價，必須看單價，而且是把車位剝離出來之後的單價。因為即使是同一棟樓，也會因為坪數不同、景觀條件不同、裝潢不同而導致最後在實價登錄上的總價不同，只有落實到單價，才是正確的比較基準。

舉例來說，你接到仲介傳了一個物件，資料上寫著權狀 37 坪，含一個 7 坪的平面車位，賣家開價 1,700 萬元。這時候，你要打開實價登錄，開始進行單價分析：

1.　坪數先扣除車位面積，房屋含公設坪數是 30 坪。

2.　調查附近平面車位行情（實價登錄可查詢），假設為 200 萬元。

3.　總價扣除平面車位 200 萬元後是 1,500 萬元，除以 30 坪，得出每坪開價 50 萬。

4.　每坪 50 萬元的單價，在最近一年的交易中，相同社區或周邊相同地段、相同類型、相同屋齡的房子比起來，偏高還是低？

接下來你的開價，也要倒推回每坪單價來評估合理性，並且設

定「最高出多少」和「從這裡開始談」兩種價格，讓議價的結果，最終落在這兩者之間。

例如你希望最多用 1,500 萬元買到房，這算是你的底價，那麼扣除車位 200 萬元，再除以坪數 30 坪換算單價後，是每坪 43.3 萬元，你要評估 43.3 萬元的價格是不是落在實價登錄的最近一年行情區間帶。接下來你還要設定一個滿意的最低價格，從這個最低的數字開始出價，再慢慢談判往上加，例如從每坪 40 萬元開始，加上車位後總價就是 1,400 萬元。

但要注意的是，你的出價是不是比實價登錄的最低價還要低？如果你的出價低於實價登錄，在多頭時期，是不太可能成交的。只有在房市寒冬，屋主心態較低，才有機率成交。所以你的合理出價，勢必要高於實價登錄最低價，但可以嘗試從最低點開始出價。

從以上的出價策略，就知道時空背景決定了屋主賣屋時的心態，房市是冷還是熱，決定了你可以用哪一種出價法。所以我不斷強調，要買到便宜的房子，最重要的關鍵是「挑對時機點」，其他策略都只是輔助。

另外要注意，實價登錄上如果出現極端的便宜價格，要再進一步點開詳情察看，通常會看到備註寫著「親友之間特殊交易」，這就代表賣家是出於節稅等原因，在形式上過戶給認識的人，所以用異常便宜的價格，這個無法反映市場行情，必須從參考數據中剔除。

以上才是正確的估價過程，不是隨便喊 1,200、1,100、還是再打一點折算我 1,000？這種沒道理的菜市場喊價法，絕對會被仲介列入奧客名單。只有從坪數單價分析，才有說服力打動對方為何你的出價很合理。

有些名嘴教人「直接打 7 折」、「打 8 折」，我不知道他到底是否真的買過房子，如果你真的在出價或議價的過程直接說出「打幾折給我」，我想賣家和仲介不會直接在你面前翻白眼，但是絕對在心裡罵你白目千百遍，然後恭送你離開，談都不用談。

前面談的是如何「出價」出得讓人心服口服，接下來講「議價」。

🏠 議價

議價指的是當你坐在談判會議室裡，和屋主就價格做最後的爭議。通常到了這個時候，價格不太可能出現大幅度變動，因為下斡旋的時候就已經議定了一個大致的價格，所以這個時候的議價，只是就零頭部分再討價還價。

掌握屋主的心態，也是出價策略非常重要的一環。了解對方賣房的原因，你在出價的時候才能更有底氣。站在屋主的立場，一定希望你加價，但如果你可以抱持平常心，不要患得患失，也不一定要被仲介或賣家的各種話術給動搖。我有幾次中古屋的出價，都是

直接成交，根本沒有議價過程，我的出價就等於成交價。這裡有一個很重要的關鍵，是我很清楚屋主為什麼要賣房、他的急迫性有多高，所以我才大膽出價，也對於能否成交有一定的把握。

當然從結果論來看，不議價就成交有兩種極端情況，一是我根本買貴了，所以屋主樂得直接同意；一種則是相反，屋主因為缺錢急售，而我的開價並無不合理，所以沒有再討價還價的必要。而真相究竟是哪一種，我不會想去追究，只知道價格是我付得起又滿意的，而且接下來的很多年，再也找不到那樣價格的物件了，只有越來越貴。買完就是沉沒成本，不要去糾纏那些理不清的過去，買到喜歡的房子更重要。

要說買房到底怎麼殺價，我會說其實並沒有所謂的技巧！就是「心態擺正，合理出價，堅守底價」罷了，只要你認真做過功課，最後如果還是買不到，沒有關係，**沒有非買不可的房子**，天下房子何其多。在對的時機點買房，多看房，多練習出價，但不要有得失心，遲早你會買到一間價格漂亮的房子。

4.
超過三十年的房子
要慎選

　　台灣是地震帶，加上多雨潮濕的天氣，可別幻想房子能像歐洲百年老屋，越老越有韻味。經常性的地震，哪怕只是輕微震動，都會給房子結構帶來一定的損害。久而久之，雨水就會沿著建築表面的裂縫慢慢滲入房子，這就是台灣老房子久了一定會漏水的原因。

　　所以在台灣，越老的房子越不值錢，在銀行的鑑價體系，對於建物的耐用年限有一定的估值標準，基本上到了五十年，房子的殘值就等於零，只剩下土地的價值。隨著屋齡越大，可貸款的成數越低，這會大大影響買家的購買意願，房子會越來越難脫手。有些銀行甚至規定屋齡加上貸款年限不能超過 60 歲，也就是五十年的房子，最長只能貸款十年，是你的話，你願意買嗎？只有在精華地段，土地持分又夠大，有都更潛力，才會有買家願意接手。

但如果你買來要自住，想等都更用時間跟他耗，這中間的過程你住起來一定不會太愉快，這是我管理過無數老公寓的肺腑之言，以及我自己也買了一間快 50 歲的老房子的感想，真的是修不完的漏水，保證你心累。

老房子除了越來越難脫手，以及伴隨越來越多的維修隱形成本，還有大家最怕的「海砂屋」和「輻射屋」問題。

海砂屋主要出現在 1970 ～ 1980 年代，當時因為缺工缺料，就有不良建商異想天開跑去挖海砂來蓋房子，所以既存的海砂屋主要集中在這個時期。而輻射屋是 1982 ～ 1986 這幾年所興建的房子，使用了同一批遭受輻射污染的鋼筋所蓋的。雖然說不是所有三十年以上房子都會是海砂屋或輻射屋，但因為太難驗證，就算做了氯離子檢測，根據不同的檢測方法，結果還是常常有爭議，很多人都是買了以後才發現是海砂屋。

根據這樣的產出年代，你會發現，也是超過三十年的房子才會有這些問題。因此，要簡單講如何避開海砂屋和輻射屋，最粗暴的方式就是直接跳過 1990 年以前蓋的房子。

如果你跟我一樣很怕地震，還會在意房子的「耐震性」，那麼我建議你，2002 年以前蓋的房子也不要考慮了。

因為台灣的建築法關於耐震係數的規定是在 921 大地震之後才制定的，當時是 1999 年，修法完成是 2002 年，規定新建房子要達到耐震 5 ～ 6 級（依地區及建築型態不同），2003 年後拿到建照

興建的房子，才能保證採用新的耐震工法。2016 年倒塌的台南維冠大樓興建於 1992 年，當時適用的是舊法，耐震等級較低。

至於「漏水」，則是中古屋的家常便飯啦！新房子都不能保證不漏水了，老屋大大小小的漏水只是時間早晚而已，所以買中古屋就是要有面對漏水的心理準備，這也是我在本章開頭就強調的。

如果預算足夠，最好是在二十五年以內，我自己就不考慮再買超過 25 歲的房子。

剛裝修好的房子
不要買

　　為了出售才裝修的房子，大多是為了掩蓋問題，不可能用太好的建材。

　　我相信大部分人看房子的時候都會被美美的裝潢吸引，還會覺得比較省錢又省時。我必須說，在大部分情況裡，你只會花更多錢和更多時間，買來後悔。

　　走進一間已經裝潢好的房子，首先你要問清楚「是什麼時候裝潢的」，有一種情況是屋主一直都自住，他裝潢是為了讓自己住得舒服，所以可能也有一段時間了，只有這種情況，它的裝潢才有可能是沒有問題的！

　　如果一間房子重新裝修是為了出售，你不可能期待他用很好的材料，大多是為了掩蓋瑕疵，跟你說花了 200 萬元，其實不到 100

萬元。面對一間滿滿裝潢包覆的房子，即使是專業人士，都很難完全看出所有的問題！而身為小白的你，能夠避險的方式，就是不要選擇剛剛裝修完的房子。買「裸屋」，素顏的房子，你才看得見問題，自己裝修，才會用好的材料！

我知道裝修是一件很困難的事情，可能你連如何找設計師都不知從何開始。但你一定要相信華麗的裝修往往是為了隱藏問題，最常見的是漏水，很可能你找個維修孔探頭上去一看，會發現有接水盤在天花裡面。

前陣子有海歸人士買了一間四十多年的中古屋，覺得天花板為什麼突起一塊，拆開才發現鋼筋裸露、水泥塊都已經掉下來，天花板厚度只剩 5 公分，輕輕一鑽就可以突破樓上人家的地板！原來是海砂屋。這也是看房時被裝修手法欺騙所造成，因為你根本看不出來。

當然，我不排除有些投資客是非常用心在翻修房子，用的建材也是等級不差的。只不過，作為一般不懂裝潢的小白來說，你是沒有辦法分辨的，就像如果無法分辨出海砂屋，最安全的方法就是用無條件捨去法。

我曾看過一間屋齡大約二十年的房子，仲介說屋主本來想當新婚房，沒想到還沒結婚就和女友分手了，為免觸景傷情，所以賣房。

屋主前一年重新裝修，整間屋子是灰白色系的現代簡約風，家具的選擇也稱得上時尚，如果是平常沒有頻繁接觸裝修和家具採購

的新手，肯定一進門就被美輪美奐的裝潢給吸引。偏偏我懂裝修，也是家具採購常客，材質等級和價格我大概都心裡有譜，其實都是華而不實的淘寶貨。

我順手敲了牆，發現所有的房間內牆都是輕隔間，以二十年的屋齡來說，這是很反常的。現在十年以內的新大樓，為了減輕載重，一律都使用輕隔間，所以如果是一間輕屋齡的新大樓，全部採用輕隔間很正常，但這不太可能會出現在屋齡二十年的房子裡，除非曾經全部砍掉重練，更動過格局。

後來一查實價登錄，發現賣家在八個月前才買入，不到一年的時間想要脫手，竟然加價 500 萬元！你認為這真的是一個分手賣房的傷心故事呢？還是投資客短期炒作想要割韭菜呢？

小心判斷裝修的目的，出售前才裝修的中古屋，我不買。

6.

低於市價的房子
有問題

「低於市價的房子一定有問題，不要開心得太早。」

這句話又逆風了，每個人都想買便宜的房子，為什麼便宜的不要碰，難道要買貴的？房子會低於行情出售，一定有屋主非現在急售不可的理由。身為地產小白的你，如果不是像職業投資客整天泡在市場第一線，你覺得為什麼便宜的房子會落入你手中呢？

會端到你眼前的便宜房子，本身一定有相對的高風險性。除了凶宅，可能是產權有問題、跟廢墟一樣的屋況等等，想撿便宜，要先惦惦斤兩，看看自己有沒有本事駕馭。舉例來說，法拍屋分為點交和不點交，一般人是不敢輕易碰不點交的房子的，理由就是一般人無法處理不點交情況要面對的風險，住房蟑螂賴著不走、與黑道斡旋。所以貴的房子不一定好，但便宜的肯定有問題，如果不是出

於無奈，或者是恰巧搞不清楚狀況亂賣的特殊案例，沒有人會賤賣房子。

再舉個例子，有人開開心心入住新房子，有一天卻被突然告知：房子違規使用，不能居住！你知道為什麼嗎？

因為他沒弄清楚房子的「土地使用分區」和「建物用途」，這在建照和房屋的使用執照上都會寫，但有些人就是不看。買的是「工業地」上的「一般事務所」，意思就是拿來當辦公室，不能住！所以它的價格是一般住宅的 7 折，便宜！但是不能合法居住。

還有一種房子也會比市價便宜，那就是「地上權」的房子。你根本沒有土地產權，只有房屋所有權，而且不是永久。隨著屋齡越大，房價只會越來越貶值，不會像隔壁人家一樣越來越貴，因為產權有年限，連銀行的貸款成數都很低。更慘的還有連房屋產權都沒有的，真正只有「使用權」，所謂買房，也不過是你一次把幾十年的租金預付給人家的意思。

便宜的房子，一定有原因，你一定要找出來，天下沒有那麼好的事。

很多人提到建商就嗤之以鼻，認為建商都很黑心，讓我告訴你吧！有很多仲介公司是由「債權協商」公司開設的，白話講就是討債公司。他手上的屋主賣房都是因為缺錢，甚至直接拿房子抵押，還不出錢只好讓債權公司拋售他的房子，所以買這樣的房子，你面對的將會是一群黑白兩道通吃的牛鬼蛇神，他會拿出各種不平等條

約來文攻武嚇地企圖要你簽下對你不利的合約。

不要說這是幻想文，因為這是我的親身經歷。我曾經買過一間便宜的房子，與我簽約的賣家使出各種流氓招數，不斷施加壓力，想逼我簽下不利於我的條款。一開始我因為房子比市價便宜而被吸引，下了斡旋才知道是噩夢的開始。我當時覺得接洽的這位仲介無法信任，所以找了我熟識的仲介出面斡旋，才發現原仲介口中的「賣家」根本就是仲介公司老闆，也就是債主！而我當時只是一個單純想買房子住的小白，快被嚇死，整個簽約過程到交屋都睡不好覺，連代書都長得凶神惡煞，是他們一氣呵成的同夥！還好除了「雙仲介」之外，我還堅持「雙代書」，找自己信任的代書一起坐鎮，最後才順利過戶交屋。

也許你會說那是我找錯仲介，正規的仲介不會這樣做。但正規的仲介，不會把低於行情的房子報給你，因為真正的「A 案」破盤價，仲介自己會內部先走一輪看有沒有人要撿，如果房子本身沒有什麼問題，正常情況到這裡就已經被盤走了。如果到這裡沒有被盤走，顯然房子已經是有一些問題，一般人不想接，就會優先報給經常和他們往來的投資客，連投資客都不要，接下來才會輪到你這樣的市場小白來接。

搞清楚市場的遊戲規則，就會理解為什麼我強調便宜的房子不要碰。買房求的是安心，只要符合市場行情，就是合理的價格。

💰 本章重點筆記

1. 出價前做好功課，亂砍價只會被仲介列入拒絕往來戶。

2. 議價就是談判，掌握對手賣屋心態，才能知己知彼百戰百勝。

3. 不要買屋齡太大的房子，除非地段好、土地持分大，你又是老屋修繕高手。

4. 不要買剛裝修好的房子，為了出售才整理的房子，裝潢不堪用。

5. 低於市價的房子一定有問題，必須找出原因，再看自己能不能承擔風險。

Chapter

5

中古屋
交易陷阱

和預售屋不同，中古屋的賣家通常是個人，很多人認為建商財大氣粗，買家弱勢，覺得跟個人賣家買房比較有保障。這個觀念其實大錯特錯。建商是企業化經營，受消保法約制，如果出現爭議，可以向消保會申訴，他們會介入處理，就連買賣合約也屬於定型化契約，必須經過政府審核，買家無論如何都是相對受到保障。

　　但是個人對個人的買賣行為，不在消保法處理爭議的範圍，消保法保障的是「企業商家與個人消費者」的消費爭議，個人賣家不在定義範圍。所以不僅買賣合約不受監管，連審閱期都沒有規定，也可說是賣家愛怎麼來就怎麼來。如果你沒有基本的法律知識，又碰上兩光的仲介或代書，碰到糾紛可以說是投訴無門，只能自行走民間調解或直接法院訴訟。

　　所以雖然常常聽到大家抱怨無良建商，偷工減料，事實上那是因為個人賣家的糾紛比較不容易被報導，因而有一種跟個人賣家交易比較放心的錯覺。其實中古屋的買賣糾紛數量，是完全不輸給和建商的糾紛的。

　　我必須說，比起預售屋，中古屋的交易才真的是「水很

深」，風險更高，需要強心臟，一不注意就會翻車！因此，接下來我要分享自己買中古屋踩到的坑，請你不要重蹈覆轍！

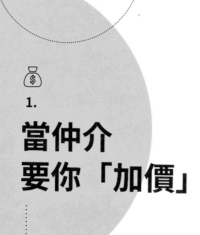

1.

當仲介
要你「加價」

當你看中一間房子並且下了斡旋，過幾天仲介跟你說：「恭喜你直接成交了！來簽約吧！」你會是什麼感覺？

我想大部分的人的第一直覺都是：「靠，我是不是買貴了？竟然沒有討價還價！」

所以，當你下了斡旋，無論實際上屋主接不接受，仲介都是要做狀況給你看的！否則還會被嫌。仲介一定會告訴你：「還差一點，如果再加多少多少，就有機會成交。」如果你願意加，那麼，屋主滿意，仲介也可以多收一點服務費。如果你不願意，至少這個拉拉扯扯的過程會讓你覺得仲介有在努力幫你談，你才會付得心甘情願，又覺得自己買到便宜。

作為新手買方，不管你出多少，仲介都會叫你「加價」，這點

買房，也買自由

認知你一定要有。

　　我人生中買的第一間房子，由於當時市場冷清，沒什麼人看房，屋主又缺錢急售，開價已經低於市場行情，所以我的出價也只是去掉零頭。仲介說好，他去協商。第二天，我接到了仲介電話：「現在有另一組買家要加價，你要不要加一點，不然會被搶走喔！」當時人在捷運上的我，不假思索地說：「哦，這樣啊！那沒關係，讓給他們好了。」

　　掛上電話，我也不以為意，因為已經設定好心目中想要買的價格，並不是說我對價格完全沒彈性，我還是會留個空間作為談判的籌碼，但現在是連談判桌都還沒上，只是口頭下斡就要我加價，這種擺明「追價」的事我不幹。雖然我很想買到房子，但是過去租房子的經驗告訴我，強摘的瓜不甜，看待租房或買房，都不能抱太強烈的得失心，一旦有得失心，就會做出不理性的判斷，讓自己後悔。

　　電話那頭的仲介沒有料到我的反應如此淡定，反倒語氣開始慌了起來，不斷鼓吹叫我不要這麼消極，但在我的堅持之下，只能無奈地結束通話。過了一天，我再度接到仲介來電：「你開的那個價格可以，看什麼時間過去跟你收斡旋？」他刻意不提為什麼之前有競爭對手現在卻沒有，我也不再追問，因為這一刻我明白了，這些其實都是話術，根本沒有什麼其他的買家，他們只是想要我加價，卻沒想到踢到了鐵板。

　　房市火熱的時候，確實有可能同時有多組客戶競標同一間房

子，此時仲介說要加價，不然買不到，有可能是真的。但是當房市冷清，明明一間房子掛售了大半年都沒賣掉，怎麼你一出價就突然有競爭對手了呢？是不是瞎掰，你自己要有點判斷。

但是說到底，只要你認真做過功課，好好出價，並且一路堅持底價，就不需要擔心仲介出什麼招給你，煩惱要怎麼接。自己的心態才是最重要的，我一直勸大家買房不要有得失心，你會追價，就是因為患得患失，怕買不到被搶走，才會因為話術就動搖，你的心智脆弱還是堅定，仲介一定看得出來。

設定好底價，心態擺正，保持平常心，就算沒買到也沒關係，買貴卻沒有後悔藥！

當賣家說要「動支」

2.

　　當你在網路上看到一個商家出售一張二手沙發，你私訊對方說想買，對方要求你先付清款項，接著才會出貨。你不疑有他，便把錢按照要求匯過去，沒想到對方突然人間蒸發，再也找不到，貨當然也永遠不會到了。

　　以上，是你聽到耳朵都長繭了的老掉牙詐騙故事，你應該會想，買家怎麼這麼笨？現在買東西當然要到知名的電商平台，才會有保障呀！當你在蝦皮網站下訂了一件商品，就算付了款，錢其實是押在蝦皮平台上，賣家是不能動用的，直到你收到貨按下確認，蝦皮才會支付款項給賣家。蝦皮這樣的平台，是作為第三方的「履保」機構，幫你把關，確認交易完成沒有糾紛，才會讓賣家拿到錢。

　　買房子也是一樣。故事裡，賣方要求「先拿到錢，再出貨」，

S
189

就是中古屋買賣裡的「動支」。如果你不假思索便同意，詐騙故事裡的主角，可能就是你了。

　　為了防止賣家收了錢，房子卻沒有如期過戶並交屋給買家，所以有了「履保帳戶」的誕生。履保就是「履約保證」，由公正的第三方平台來擔保，先代為保管買家的自備款和銀行核撥的貸款，保障雙方交易的安全，防止買家不付錢，也防止賣家不交貨。

　　中古屋透過履保交易的正常流程如下，所有款項均是匯入履保帳戶代為保管，直到房屋點交完成，買方確認無誤，履保帳戶才會把錢匯給賣家。作為買家，需要按照合約，分批在不同環節把款項匯入履保戶頭，在房貸撥款進履保戶頭之前，所有匯入履保的錢，就稱為「自備款」或「頭期款」，一般會抓 3 成。如果房貸最後核定撥款的成數超過 7 成，那麼多餘的款項，會撥回給買家。

中古屋交易流程

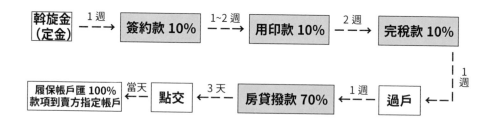

　　當你付了斡旋金，賣家也簽收了，這時斡旋金就會轉為定金，

10% 的簽約款則內含這部分已付的定金，例如 1 千萬元成交，斡旋金已付 10 萬元，簽約款應付 100 萬元，但 10 萬元已付並轉為定金，所以簽約款只需要準備 90 萬元。

只要透過仲介交易，幾乎都會建議使用履保帳戶。履保帳戶是需要收費的，手續費是交易價格的萬分之 4 ～萬分之 6，買賣雙方共同分攤。所以 1 千萬元的房子，買賣雙方都只需要負擔 3 千元左右的手續費，用幾千元就能保障上千萬元的房產交易安全，實在是太划算了！如果賣家不願意採用履保制度，請你一定要堅持，否則寧可不要買這個房子！

「動支」即是在房子還沒有點交，甚至是還沒有過戶之前，賣家就要求提前拿到履保帳戶裡的錢。如果要求的是「簽約就要先動支」，表示房子都還沒有過戶給你，他就要拿錢。如果你同意，履保帳戶是可以配合撥款的。但是不要忘記前面一開頭就說的，貨都沒到手，萬一他拿錢跑了，豈不是詐騙？又或者，交屋時才發現裡面竟然住著一群無賴，趕都趕不走，最後房子根本無法順利取得。

賣家要求動支，對買家來說是非常高風險的。但有時候，賣家可能是因為換屋，需要這筆錢才能付買房的頭期款，或者有其他原因真的急需用錢，如果你堅持沒交屋之前一毛都不能先拿，很可能這筆交易就會告吹，又或者，你想利用賣家這樣的要求，作為殺價的籌碼之一，不介意承擔一些風險。

如果你想讓步，我建議的折衷辦法是「**先確保房子過戶**」。一

且房子過戶到你的名下，風險就大為降低。如果你判斷賣家是老實善良的人，房子原本就是自住，情況很單純，不太需要擔心交屋時出現什麼意外插曲，那麼可以考慮同意「過戶後動支部分款項」。

我有兩次買中古屋的經驗，都被賣家要求動支。第一次，是面對黑道賣家，因為真正的屋主欠債，把房子抵押給他們，又還不出錢，所以黑道賤賣了他的房子。於是在簽約時，黑道賣家大聲要求我簽約完就要立刻先給他們 200 萬！這是我第一次遇到這種狀況，當場嚇得魂飛魄散，最後在代書建議下，我同意過戶完可以動支，最後才順利完成簽約並交屋。

第二次，是一對純樸的老夫婦，因為女婿生意失敗，急缺週轉金，就押著岳父岳母變賣家產來支援他，出於對女兒的疼愛，倆老只好賣掉自己的起家厝。簽約時，女婿開口就要動支 400 萬元，還不願意進履保。有了前一次經驗，這次我淡定地要求過戶後才能動支，並且，動支金額不能超過我的頭期款。再怎麼說，房子還沒有點交，動支超過頭期款，在比例上未免太不恰當，意味著會動用到銀行房貸撥款的部分。而且過戶完約一週，銀行就會撥款，接下來馬上就能點交，他就能拿到剩餘的所有款項，所以其實差不了幾天，根本不需要配合這樣無理的要求。

所以當你遇到賣家提出動支的要求，基本上不需要同意。但如果你很想成交，或選擇體恤對方，請記得兩個原則：第一是必須先過戶；第二是動支金額要恰當，不要超過你的自備款。

3

「三角簽」
貸款驚魂記

　　我第一次買房的時候,雖然買到低於市場行情的破盤價,卻沒想到在貸款這一關,差點翻車!

　　下斡之前,我的仲介就幫忙詢問了熟識的銀行專員先做初步估價,由於這間房子開價就低於市價,所以銀行的估價也高於開價,仲介自信滿滿地說,放款超過 9 成的機會很高。加上房子位於台北市蛋黃區,光是土地價值就已經接近開價,所以我實在一點也不擔心貸款的事。

　　沒想到,簽約完成後送件申請貸款,四家銀行中有三家都拒貸!唯一願意承作的銀行,條件超爛。

　　仲介配合的銀行專員,只是尷尬地笑,本來估價 9 成,變成拒貸,他卻無法給出合理的解釋。所以我只好再詢問其他銀行,卻一

家家吃閉門羹。

　　我百思不得其解！位於台北市蛋黃區門牌，當時貸款人是我任職於上市企業的太太，財力條件也不差，如果是房子估值或者信用分數不夠的問題，好歹銀行會給個很低的成數、開出個很高的利率，不至於一口拒貸。到底發生什麼事？我只好拜託銀行專員再去側面打聽，到底是什麼原因被拒絕。

　　原來，我簽的合約不是一般的房產買賣交易合約，而是一份「讓渡書」。其實這間房子在找到我之前，已經賣給別人，他們也已經走到完稅流程，只差還沒過戶，卻不知什麼原因，買家突然放棄買房，決定違約。但賣家急缺錢，實在等不了重新退稅再跑一次賣屋流程，我又剛好在那個時間點出現，所以賣家決定直接以他們原本簽好的合約繼續走完，而另外加上一份「債權讓渡書」與我簽約，相當於我承接這份交易。

　　這樣的簽約方式，在銀行眼中，其實就是所謂的「三角簽」。

　　三角簽通常會出現在投資客以買空賣空形式來賺取價差暴利。找到低於市價的房子，先假裝是誠意買家，與屋主簽了約，但在還沒過戶之前，又另找買家，加價賣出。此時因為還沒過戶，所以回頭以各種理由，要求原始賣家把產權登記給新的買家。他本質上沒有拿出太多錢，還因此規避了因買賣獲利應負擔的交易所得稅，雖然買家與登記人不同是法律允許的，但明顯的炒作行為，如果銀行沒有負起核實交易正當性的責任，也會被有關單位找麻煩。所以，

成屋交易採取讓渡形式在銀行眼中是非常忌諱的。

在我的情況裡，賣家並沒有要求我加價購買，我是按照原來交易合約的價格買，他也並無要求我額外支付現金，所以並不是買空賣空的炒作形式，但從結果來看，在銀行眼中卻是一樣的。

該怎麼辦呢？已經簽約了，流程在跑，時間一點一滴流逝，如果我不快點找到願意貸款的銀行，付不出尾款，我就要違約了。

所幸最後太太透過公司財務轉介，終於有一間與他們公司業務往來甚多的公股銀行願意考慮，不僅如此，還慎重其事地派出分行經理與襄理共同接待面談。在公股銀行體系，分行經理其實就是行長，對於貸款有直接審核權的，就是經理和襄理。

兩位重量級人物和藹可親，對待我們這樣年紀的貸款申請人，就像對待自己的孩子，當他們聽到我們是多麼努力才能在台北市買下一間房子，不免產生了同理之情。而太太也極力說明，雖然房子有點老，但是座落在北市精華地段，土地的公告價值幾乎追上房屋總價，是非常值錢的土地！最後，成功地打動他們，不但順利貸到8成，還拿到了最優惠的青年首購利率。

買房子的時候，一定要確認你即將要簽的合約是「交易書」，還是「讓渡書」，千萬不要跟我一樣，傻傻地就簽。

🏠 便利貼

銀行分為公股和民營，行事作風非常不一樣。公股銀行一共 8 家：華南、台銀、土銀、第一、彰銀、合庫、兆豐、臺灣企銀，民營則是一般認知的商業銀行。比起商業銀行，公股銀行因為深耕在地的時間更長，所以氛圍比較親民、講究人情味，申請貸款時比較有機會直接見到主管層級，他們也比較願意花時間坐下來和你面對面泡茶、溝通，千萬不要浪費了這個機會。商業銀行講求績效、快速，通常紙上作業，不會願意花時間面對面，所以很難「動之以情」。

公股銀行的職稱比較傳統，「經理」其實就是分行行長，和商業銀行在櫃檯就能見到的經理是完全不一樣的等級。在公股銀行，能夠影響核貸結果的是經理和襄理，每間分行的經理在一定金額下有直接決定的權限；而許多商業銀行需要送區域分行或總行才能決定，所以無法直接見到有決定權的人。

不論是公股還是商業銀行，「專員」對於核貸結果是沒有影響力的，他們的工作是幫忙整理資料和送件，頂多提醒你可以在資料上面再多補強什麼，或者在主管面前幫你美言幾句。所以不要迷信別人推薦專員給你就一定可以貸到很好的條件，重要的還是自己本身的信用條件以及「說服力」。

4

共同登記是保障，
還是阻礙？

情侶或是夫妻一起買房，會擔心若是出了一部分錢，房子卻沒有登記在自己名下，以後感情生變，權利會受損，所以大部分人都會建議採用「**共同登記**」來保障雙方的權益，以免其中一方未經同意就擅自賣掉房子。

我買第一間房子的時候，還沒有結婚，和當時的伴侶，也就是現在的太太，也碰到了這樣的問題。不過，在衡量了利弊得失之後，我們還是決定把房子登記在一人名下就好。

因為，共同登記的「壞處」實在遠多於好處！

一、將同時用掉兩個人的首購資格

因為兩人都是登記人，未來無論以任何一方名義想再買第 2 間

房子的時候，都不再符合定義的首購身分，無法適用首購的優惠利率。除非現有的房子先賣掉，清償貸款，才能恢復首購資格。雖然貸款可以只設定在其中一人身上，但是共同登記情況，另一方會被要求做保人，一樣會影響自己日後的貸款條件。

二、地價稅自用住宅稅率需個別申請

地價稅是按人頭，名下有土地持分就要繳，如果要申請自用優惠稅率，也是要兩人都申請，才能各自享有。若只有一人申請，另一人會按一般用地稅率課徵，相差 4 倍以上。

三、賣房時一次用掉兩個人的一生一次優惠稅率

賣房時需要繳交「土地增值稅」，每個人都有自用住宅用地 10% 的優惠稅率可用，但限「一生一次」。若共同持有，出售時等於一次用掉兩個人一生一次的自用住宅優惠稅率，非自用住宅的土增稅率是 20% ～ 40%，差很大！

四、房子的所有處分管理都要兩人同意

未來房子不管是處理貸款、出租、出售，任何事情都需要兩人簽名同意。或許這就是你想要的效果，怎麼會是壞處呢？如果日後感情生變，這間房子會立刻從浪漫滿屋變成燙手山芋，不用等對方提，你一定也很想趕快把它處分掉。但這時卡在還要看對方臉色，

雙方都是這麼想的時候，結果大概就是擺著爛，有很多房子閒置無法處分，就是因為夫妻失和，但誰也不想退讓，都要卡著對方，最後誰也沒有得利。

其實如果擔心只登記其中一人，自己的權益不被保障，可以另立一份「合資購屋協議書」並且公證，寫明各自的出資比例、誰擔任登記人、誰是貸款人、未來房子出租或出售的收益應如何分配等，這個方式能在法律上保障雙方的權益，但是卻不會影響貸款及稅賦優惠。同時，可以去做「預告登記」，設定一方為「所有權人」，則另一方為「請求權人」，所有權人若要處分產權，需要經過請求權人的同意。預告登記的缺點是無法對抗法院判決、政府徵收、強制執行等情況，例如法拍，不會因為請求權人不同意而無法進行。

另外，也有人使用信託登記，把房產委託在信託公司，任一方都不能單獨行使房產的處分管理，不過這會有信託管理費的產生，對於非高資產族群來說可能比較不經濟。也有人使用「借名登記」，類似簽訂合資購屋協議書，寫明誰是登記人、誰是實際出資人，並且保存所有金流紀錄作為佐證。

以上作法各有利弊，但至少都不會影響稅賦及未來購屋的貸款優惠，我認為還是比共同登記更值得考慮。

我和太太在一開始討論買房之時，就決定把第一間房子登記在他的名下，也用他的名義作為貸款申請人。因為當時在創業路上的我，在銀行眼中是「失業」的狀態，根本沒有銀行最愛看到的漂亮

「薪轉」，用我作為貸款申請人，一定會被打回票。而太太當時在上市企業任職，名片拿出去可以說是走路有風，所以毫無懸念的用他的名字來申請，最符合經濟效益。

長遠來看，設定共同登記是弊大於利，我們一輩子不會只買一間房子，所以選擇當時最適合的條件人去申請，是最合理的。當然，若雙方都有出資，卻只登記在一人名下，勢必要建立在雙方有一定的信任基礎，但若已經結婚才買房，婚後財產屬於共有，我認為其實不需要那麼操心。

但是像我和我太太一樣還沒結婚就先一起買房，我也不是很推薦，不要學！畢竟不是每對情侶最後都能順利走入婚姻，婚前還是保有各自的財產比較不容易有衍生的糾紛。

🏠 便利貼

首購定義，政府與民間銀行大不同

一、政府的「青年安心成家購屋優惠貸款」：

1. 只有公股銀行承辦，對於首購的定義是「申請人於申請時名下沒有自有住宅」，而非指第一次購屋。若曾經買過房子，但早已賣掉，現在要再去買一間房子申請房貸，還是適用首購資格。

2. 「自有住宅」的定義，是指建物使照登記用途包含「住」的字樣，因此若名下登記所有的是土地、工廠、辦公室、事務所等，不在定義範圍，下一間房子如屬於住宅而申請新的房貸，仍然適用首購資格。

3. 個人與親友個別持有、或共同持有合計換算面積未滿 40 平方公尺之建物，可視為無自有住宅，也適用首購資格。

4. 除了申請人自己名下沒有自有住宅，也要求配偶、子女名下均無自有住宅，才適用申請。適用於年齡 20 歲至 40 歲的首購族，如果育有子女有換屋需求，則年齡放寬至 45 歲。

5. 上限額度是 800 萬元，如果貸款金額是 1,000 萬元，那麼只有其中 800 萬元會是優惠利率，剩下的 200 萬元則是一般利率。

6. 在本書截稿之際，財政部發佈了「新青年安心成家房貸」專案，擬從 2023 年 8 月 1 日起，將首購優惠利率的適用額度從 800 萬元上調至 1,000 萬元，寬限期從原先三年延長為五年，貸款年限也從三十年拉長到有機會為四十年。

二、民間銀行的首購認定：

1. 亦非指第一次購屋，而是「申請人於申請時名下沒有自有住宅且沒有房貸」，亦不看配偶或子女名下房產與貸款情況，若夫妻之一方已有自有住宅或貸款，不影響另一方購買住宅申請房貸之首購優惠資格，也沒有年齡的限制。

2. 若已有一住宅為夫妻共同持有情況，此時不論下一間房由誰貸款，都會影響雙方首購資格。若申請人僅擔

任共同持有房的登記人而非貸款人，影響的是申請人新申請房貸的利率條件，但成數方面不受第二戶於特定地區限貸 7 成的信用管制。若申請人擔任共同持有房的貸款人，則無論是否為登記人，則申請人的新申請房貸，利率與成數將同時受到影響，受到第二戶於特定地區限貸 7 成的信用管制。

5.

貸款成數不足
怎麼辦？

　　如果你買完房子才發現銀行核貸的成數不足，絕對會吃不下睡不著，天天焦慮到冒出好幾根白髮。

　　之前分享「三角簽貸款驚魂記」的故事中，我不僅僅是成數不足，而是接連直接被拒貸，心理壓力非常非常大。雖然後來還是找到銀行並且成功說服，最後順利貸款，但是應該沒有人想走到這一步吧！面對面說服銀行，用在當你覺得條件不夠理想時，拿出來當大絕招就好。更重要的是，怎麼樣在簽約之前就避開貸款不足的風險？

　　其實我們在合約上，可以加上一條保命條款：「**排除個人信用條件外，不指定銀行利率及貸款年限，若房貸核貸成數不足成交價的 7 成，則無條件解約。**」這一條可以保障你，萬一最後銀行核

貸成數不足，就不用硬買這間房子，賣方要退回已收的所有款項給你。且一般中古屋至少都能貸到 7 成，如果銀行鑑價不到成交價的 7 成，也表示你其實買貴了，銀行認為不值這個錢，等於讓銀行的鑑價來幫你作為判斷價格是否合理的一個雙重保障。

要加上這條但書，需要買賣雙方都同意。由於成屋市場的賣家通常不是建商而是個人，商量起來比較有彈性，如果對方急著賣房，通常不會反對。如果對方不同意，你也可以斟酌要不要買，只要能成功加上這條，就無後顧之憂。

「排除個人信用條件外」，意思是如果貸款成數不足是因為貸款人的信用條件不好，例如負債比過高、沒有固定薪轉等等，那麼這算是不可歸咎於賣家的原因，如果因此要求解約，對賣家是不公平的。當然這句也可以不用寫，但如果最後真的因為信用關係要求解約，賣家可能也會跟你爭執。

所以先排除個人信用原因後，如果貸款成數不足，那就是房子本身的問題，這時主張解約就合情合理。注意這裡寫的是「房貸」核貸成數不足，以免與其他信貸等貸款混淆；以及「成交價的 7 成」，以免與鑑價、開價等其他定義混淆。最後，「無條件解約」，也就連帶定義了已付的款項都要無條件退回，仲介也不能主張支付服務費。

銀行的鑑價不一定會與成交價一樣，而大部分銀行最後的放貸根據是「二者取其低」。如果鑑價高於成交價，恭喜你，這代表你

買得很便宜，不過銀行放貸成數還是會根據比較低的成交價來打 7 折或 8 折。如果鑑價低於成交價，代表你買貴了，放貸成數也會根據鑑價。有些人在這條但書會押到不足成交價的「8 成」就要解約，當然這對你更加有保障，但是你的要求越嚴苛，越會增加賣家同意的難度。

為什麼說這一條是保命條款呢？ 2023 年房市開始下行，可以預見未來幾年房價將進入下修階段，以及這兩年來央行對於抑制房價炒作採取的信用管制越來越嚴格，例如 2023 年 6 月 16 日開始實施的特定地區第二戶限貸 7 成令、稍早之前的第三戶以上限貸 4 成等。在這樣的市場氛圍，銀行也會緊縮貸款成數與額度，導致審核貸款時趨向保守，也就越容易出現「估不到價」的情況，所以一定要記得幫自己多留一條退路。

很多人會說，應該在「下斡旋之前」先找銀行估價，最好找三家以上！理論上是沒錯，事前有銀行專員先進系統幫你看一下價格是好的，不過問題來了，你跟人家很熟嗎？還是你天天買房，有很多案子給他做？還是專員是你高中同學？不然人家為什麼要幫你估價呢？

房市冷清的時候，銀行如果很想要業績，這是有可能的，專員會積極一點。可是如果房市很熱，說真的，專員很忙！他會告訴你：「等簽約送進來再估！」如果你八字都還沒一撇，銀行根本不知道你是認真要買還是隨口問問，實際上很少會有專員幫你事前估價。

當然你還是可以先試試看，畢竟現在房市冷了，他們比較有空，如果是你同學，就好好抱人家大腿。

聽我這樣說，你是否會擔心自己沒有認識的專員？記得我的「三角簽貸款驚魂記」嗎？被一堆銀行拒貸的我最後如何順利貸到錢？不是趕緊巴結銀行專員，是趕緊巴結公司的財務！如果你是上班族，由公司的財務轉介公司配合的銀行，才會獲得待見！直接走進銀行，你是見不到什麼大人物的。

此外，也可以請仲介配合的地政士幫你爭取，同時跟你自己找的銀行做比較。地政士是銀行往來常客，也是仲介經常配合的夥伴，有時透過他們能夠取得比較好的條件。

如果你是自營商，在幫公司開企業帳戶的時候，就把「我最近打算買哪裡的房子，可以請你們順便幫忙轉介貸款部估價嗎？」也一起談進去，然後也真的拉一間房子請他估價。不管是否現在真的就要買房，先幫自己在銀行體系打開一條通路。為了爭取你的企業帳戶開通業績，專員一定會極力幫忙爭取，至少你手上就有了聯絡清單，隨時可以找到人。

自己了解行情是基本功，下斡之前多詢問幾家銀行估價，簽約再押但書，三道防線，保你貸款平安。

💰 **本章重點筆記**

1. 議價沒有技巧，心態擺正、合理出價、堅守底價，就算仲介要你加價，也不會受動搖，遲早能買到價格漂亮的房子。

2. 動支原則：必須在過戶之後、金額不要超過自備款。

3. 公股銀行重人情味，適合面對面談。如果你的信用條件不是特別好，建議試試公股銀行。

4. 共同登記影響首購資格和優惠稅率，弊大於利。

5. 擔心貸款成數不足，除了事先估價，記得在合約加上解約但書。

Chapter

6

買地
不如先買房

高房價扼殺了許多人在城市裡建立一個家的夢想，「自地自建」似乎成了一道解方。不過，大部分人並不了解落實這個夢想，需要付出的代價有多大，當年的我也是。我幻想到鄉下買塊地，蓋間小屋，就可以過著自給自足的生活。

　　這個章節，要用我在台東花費數年追逐這個夢想的所見所聞，分享讓你知道，夢想和現實的差距有多大，而你需要付出什麼樣的代價，才可以成就自地自建的夢。

我有一個
自地自建的夢

　　電視劇《台北女子圖鑑》描述一名鄉下孩子為了實現台北夢，投身異地展開人生的故事。雖然為了戲劇張力把台灣的南北差距描繪得誇張了些，像是「妳這個妝一看就不是台北人」、「台北的女生看起來好不一樣」，但的確讓我想起高中剛畢業的自己，也曾經對台北有過那樣的憧憬。

　　記得台大入學新生報到那天，父母載著滿滿的行李，從台中開車北上幫我搬家，臨走前不忘各種叮嚀。而我則是滿懷著興奮，展開第一次離開家的冒險。

　　大學畢業以後，我堅持留在台北找工作，理由就和戲裡的林怡姍一樣：「我想要的工作機會只有台北有。」也和母親有過極為類似的爭執，她無法理解我為什麼不能留在台中工作，離家近多好，

不用租房多省錢。而所有的高中同學後來都和我一樣，畢業後不是出國深造，就是留在台北工作，返鄉從來不是選項，只有「找不到工作」的人，才會返鄉就業。

如今二十年過去了，留在台北扎根真正堅持下來的，反倒是少數，好多老同學早就返鄉，或者根本不在國內。有些是回家接班，繼承家業；有些婚後定居在夫家的城市；有些則在海外落地生根；只有少數是返鄉創業，自立門戶。留在台北的，一雙手的手指頭數得出來。

台北像是迷人的超大型遊樂場，每個孩子都想沉溺其間，但在玩遍每一種新鮮有趣的設施後，累了還是要回家，能帶走的只有紀念品。又像一個交往多年的男友，以為自己可以改變他，又或者改變自己來適應他，但最終，也許還是無法步入禮堂。

2012 年我準備到上海工作時，在台北退租的套房當時租金是 1 萬 8 千元，樓中樓形式的電梯社區；2016 年當我回到台北重新找房子時，發現原來的樓中樓套房已經漲價成 2 萬 5 千元。我在不斷妥協、不斷調高預算的情況下，最後租了一間 3 萬 6 千元的房子。儘管居住成本如此高，當時的我依然咬著牙，決心要在台北重新開始。聽起來很傻嗎？租那麼貴的房子。是呀！回頭看當時的自己，我也覺得很傻，不過，這也是後來激勵我買下人生第一間房子的原因。

暫時安頓下來以後，我沒有急著回到典型的就業市場裡，去找

一間大公司上班，而是選擇創業。也因為我選擇的是「一人公司」的創業型態，可以很彈性地分配工作和生活時間。過去的我在上海管理規模將近 800 人的公司，高強度又超長的工作時間讓我身心俱疲，也深知當老闆表面上是在管理員工，實則是「被員工管理」。所以當我決定創業，就決心要當自由度最高的老闆——也就是不聘僱任何員工。賺多少錢，取決於我願意花多少時間，我可以最大自由度地決定自己的生活和工作要如何平衡，更準確地說，我的工作即是生活、生活即是工作，並沒有明確的界線。

這樣的生活型態，讓我有別於以往朝九晚九的上班族生活，可以選擇在別人放假時工作，在別人上班時選擇出遊，不但可以避開人潮，平日旅遊的住宿費也節省不少。或者規劃一段幾週至幾個月的時間，待在其他地區慢活 Long Stay。

每年我都給自己一段時間往台東跑，因為喜歡看海。只是靜靜看著海，還有背靠的一片大山，就覺得在城市裡的那些幽暗和委屈，都能一掃而空，有一股神祕的力量可以治癒一切。台東的海和花蓮不一樣，幽靜又親近，可以很容易走進沙灘；花蓮的海則因為岩岸和斷崖地形，雖然壯闊但令人敬畏，只可遠觀不可褻玩。台東的海岸線不只海很近，山也很近，都蘭山、金剛山，轉身就在眼前。

我太喜歡台東的山和海，不禁開始思考：這裡會不會才是我老之歸所？在台北生活這麼久，看膩了城市的鐵窗牢籠，這樣的大山大海，或許才是我的應許之地？

於是我開始有了「找一塊地，蓋一間屬於自己的看海小屋」的夢想。

2.

上山下海的
看地之旅

　　我用以前在台北找房的經驗，打開 591 瀏覽待售土地，也加入幾個當地的土地買賣社團。但發現，不像過去在城市裡租房買房的經驗，隨時都能看到琳瑯滿目的物件任君挑選。整個海岸線在架上的待售物件屈指可數。如果地塊大小、價格帶符合預算，我就得屈就於地理位置；如果要堅持只買在特定區域，可能大半年也等不到一個物件。

　　由於網路的資訊量實在太少，我決定親自走一趟，和當地仲介聊一聊。出發前，我在網路上鎖定幾位曾經發布過幾塊海岸線待售土地資訊的仲介，和他們聯繫要看地，只要能看到海，農地或建地都可以。沒想到，大部分仲介的反應都非常消極，讓我感到很奇怪。

　　當我正式展開看地之旅，立刻明白了原因。台東是台灣海岸線

最長的縣市，南北長達 176 公里，台東市區位於中間偏南，從市區出發到最北邊靠近花蓮交界的長濱，要將近兩個小時的車程，往南到屏東交界則要一個小時。在這樣幅員遼闊的地方場勘看地，隨便出車一趟來回就得去掉大半天，當時又是盛夏時節，願意這樣奔波帶看的仲介不只是要耐得住性子，還要耐得住炎熱，難怪大部分的仲介一聽到海岸線物件就敬而遠之，還是賣市區裡的房地好賺。

行前我做了一些功課，知道建地比農地貴很多，至少是 10 倍的差距。也就是說，一樣的預算，買農地可以買到 10 倍的面積。這樣大家自然都會想：那我當然買農地自地自建啊！幹嘛買建地？政府就是擔心大家都買農地卻不事農務生產，拿來蓋房子，會失去土地使用分區的意義，所以規定農地必須農用，在農地上蓋房子有非常嚴格的限制，像是面積大於 0.25 公頃（756.25 坪）才能蓋農舍、建築面積不能超過土地的 1/10 等。農地上蓋的房子叫「農舍」，顧名思義是給農夫住的，如果沒有農作物產出，就不能用農地來蓋房子，建地才是單純拿來蓋房子的。

但說實話，像我這種在城市裡長大的孩子，連稻田都沒見過幾次，對於土地面積大小根本沒有概念。農地其實並不以「坪」計算，是以「分」為單位，一分地是 293.4 坪，如果放在城市裡，這樣的面積可以蓋一棟十多層樓的社區大樓了，實在不明白為什麼要 750 多坪，也就是將近 2.6 分才可以蓋農舍，那得有多大呀！

當我慢慢知道農作物的經濟價值之後，才理解為什麼農地需要

這麼大。一分地的稻子，每期收割賣出後扣除掉成本，獲利只有大約 1 萬元，如果一年只收成一期，這樣的一塊地別說養不起一家人，養自己一個人都會餓死。所以農地需要的面積，邏輯和蓋房子用的建地是完全不同的，這也是為什麼政府需要保護我們的農地，如果全都被拿來蓋房子，國內就沒有農產品了，如果所有的糧食都要仰賴進口，我們不會有現在那麼香甜可口的稻米吃，也不會孕育出水果王國這樣的稱號。

2019 到 2020 年，我大約每半年就去一次台東，然後跟著仲介有一搭沒一搭地到處看地。儘管從台東市區出發，每次的路途依然很遙遠，所以我和仲介都有一種默契：在網路上先儘可能做足功課。

買房的時候，我們會按著門牌地址查到很多資料，像是謄本、建物測量成果圖等，但是土地沒有門牌地址，該怎麼找？土地能根據「地號」調地籍圖，但是地籍圖無法看到土地周邊的道路環境、風景地勢。所以到現場看地之前，最重要的是要根據地籍，對照**「空拍圖」**來定位，找到經緯度座標後標示出來，才能事先預覽全貌，看到這塊地和周邊環境的關係，還有面積大小與範圍。

至於要如何和仲介約在現場碰面，又是一道難題，因為沒有地址，更沒有大門，只能約在「台 11 線 XXX 公里處」、「看到某個地標」在那裡等，再由仲介開車帶頭一路穿過羊腸小徑，找到這塊地。如果仲介沒有去過現場，就無法帶看，因為一定找不到。

🏠 歡迎來當山大王

我在網路上看到這則賣地消息：三仙台 2 萬坪土地只要一分地的價錢，還附贈小木屋。

我猜想位置應該非常偏僻，但是算了算真的很便宜，於是聯繫這位仲介。他是位上了年紀的阿北，一接到詢問就興匆匆地說要直接帶我去看，我想先確認位置，但他無法告訴我經緯度，也沒有做空拍圖，堅持直接去現場。我心裡很明白這很有可能是浪費時間，但拗不過他，只好出發前往，那塊地距離台東市區大約 1.5 小時的車程。

抵達約定見面的台 11 線地點，阿北便開著他的 Honda 休旅車領頭一路往山上狂飆，他奮力踩油門的態勢看起來對地形瞭若指掌，義無反顧。我的車是皮卡，身形龐大，因為對地形不熟悉，在後面追趕得很辛苦。隨著海拔越來越高，眼前的道路卻越來越小，慢慢地我們開進了一條看起來幾乎是荒廢的小徑，雜草叢生，寬度幾乎要小於我的車身了，坡度也越來越陡峭，我意識到自己完全進入越野狀態，我的皮卡車第一次啟用了四輪傳動，頭皮發麻，卻只能大腳踩油門向上衝，因為根本沒有退路。

阿北根本不管我的死活，自顧自地攻頂了。那一刻我有點生氣，阿不就還好我開了一台四輪傳動，不然誰有辦法跟你這樣衝？邊想著的時候，眼前突然一片豁然開朗，我也攻頂了，來到一處平

地。在山頂上的這塊平地，有一棟鐵皮搭蓋的平房，屋簷下有張大木桌和幾張幾近破敗的椅子。

阿北得意地說：「你看，風景很美吧！這還有一棟小木屋。」接著拿出鑰匙，想把平房鏽蝕的鐵門打開。一共有三扇門，可以任選一扇開，阿北滿頭大汗地嘗試每一扇門，卻全部失敗，尷尬地笑著。第三扇的門鎖根本已經失效，直接就能推開。

第三扇門裡頭是一間有過使用痕跡的廚房，阿北解釋其他兩個房間應該是客廳和睡覺的地方。算了，我想狀況應該也和廚房差不多破敗，這塊地和它的建物顯然荒廢了一段時間。反正我不是來買房子的，重點還是地塊本身的條件。

我問仲介阿北：「所以土地範圍到哪裡？有 2 萬坪？為什麼便宜賣？」他從車上拿出一份紙本資料，接著比手畫腳地說：「來，你看，權狀的土地範圍是你現在看到的這塊平地啦，然後吼，有差不多 2 千坪是地主跟政府租的啦，租約五十年，還很久啦，就算到期也還可以續約沒問題的。還有吼，其他的樹林快要 2 萬坪，你也都可以用，不會有人管你啦！」

我睜大眼睛問他：「什麼意思？為什麼不是我的地卻可以隨便用？」他說：「反正這整個山頭幾十年來都沒有人上來過，政府也不會管，你看要種什麼都可以。」

真是長知識了，權狀只買了 3 百坪，合法使用 2 千坪，違規佔有卻多達 2 萬坪，我忍不住笑了起來。同一個國度，卻有這種自治

疆土，如果買了它，我就是山大王了。

　　掐指一算，如果只計合法的權狀面積，他的開價其實並不是特別便宜。雖然可以當山大王，海也是遠遠的，看得見一點點，但要我住在這種連路都要自己披荊斬棘開出來的深山野林，城市來的我自認無法駕馭，想到夜裡的黑都會怕，所以最後我落荒而逃。

　　那次看地之後我學到，除了看空拍的位置，還要先調查**地勢**和**海拔高度**，否則動不動就被帶到這種與世隔絕的深山裡去。

3.

你家隔壁種什麼？

　　另一位仲介帶我看了卑南的一塊地，這裡離市區不遠，算是近郊，但靠山看不見海。這不符合我想要的看海條件，但他手上符合我理想的物件並不多，加上我想練功，多看總是多一筆經驗，所以還是跟著去了。

　　穿過大片釋迦園，我們轉進了一塊像是美軍眷村的基地。其實並不是真的眷村，而是因為兩旁蓋著一棟棟 2～3 層樓的美式建築，有些有著鄉村風的檐廊，門口放著搖椅；有些外觀像是木造有著尖尖的斜屋頂；但又混雜了幾間日式庭園風建築；道路的盡頭，則有地中海風格的白色 4 層樓。

　　車子駛進道路的盡頭，挨著白色建築的隔壁，就是仲介要帶我來看的待售土地。因為是建地，所以地塊不大，大約是 100 坪，兩

旁的每棟建築佔地大小都差不多，看起來就像是精心設計出來的重劃區，切好一塊一塊分售。

「這是什麼地方？」我問道。原來，這一棟棟這麼有特色的建築都是民宿，這些地是賣給置產客來蓋成民宿經營的，所以稱為「園區」。看起來是有位大地主把地切割好，100坪、100坪地賣，並且有意打造這裡成為觀光景點，或者說是特色民宿聚落。當然你買了地，單純自住不要做民宿也可以，但我想如果只是要自住，就沒必要挑一個人來人往的地方了吧！說話的當下，對面美式木屋門口的旅客正盯著我們看呢！

看完地當晚，我住在一棟海濱花園民宿裡，民宿主人在二十多年前就買下這塊3千坪的地蓋農舍，過著自給自足的生活。隔天早上，我和他分享看地的經過，他告訴我儘量不要選旁邊有釋迦園的地。因為釋迦是嬌貴的水果，需要大量農藥才能長得漂亮，噴灑農藥的時節，附近居民得忍受難聞的味道，對身體也不好。

然後他帶我站在3樓的房間裡，打開窗，指著窗外那片挨著自己家的釋迦園：「就像我隔壁這樣。」我順著他手指的方向望出去，才驚訝地發現原來窗外就是一整片的釋迦園，昨晚太黑完全沒發現。不過他又強調，現在有很多人都已經改用有機的自然農法了，比較不會有農藥問題，但不是每家都這樣，買地還是要注意。

又是一堂城市小孩學不到的課，原來選地還要注意周邊的**農作物種類**，還要觀察**風向**！

$ 4.

小姐，
妳要買地嗎？

　　有一位仲介因為懶得跑那麼遠帶看，給了我一個電話號碼，要我到了附近聯絡這個人。好不容易找到附近，但是電話怎樣都無人回應。正呆坐在車上發愁的時候，突然有人敲了我的車窗，是一位騎著摩托車的阿北：「小姐，妳是不是要看地？」還沒等我回應，阿北就咻地一聲揚長而去，我只好趕緊追上。

　　開了一小段路，阿北示意要我停車用走的。阿北是附近的居民，也有幾塊地種著水果。沿路上如數家珍一般，介紹周邊每個地塊是誰家的、誰要賣、誰不會賣。「這塊地是去年有個宜蘭人買走的，剛剛插秧幫他種田，也是以後要蓋農舍的。」什麼！他的意思是我根本不需要自己當農夫？找真正的農夫幫忙種就好了，我怎麼這麼「條直」！

他帶我穿過一段羊腸小徑，眼前突然又一片豁然開朗，我看見了海。小徑的左右兩側都是農地，左邊的地看起來清爽整齊，栽種了一棵棵纖細的小樹，才剛剛冒出頭，每棵樹彼此保持了安全的 1.5 公尺社交距離。而右邊的地則是雜亂無章，看起來荒廢了一段時間，前面又有幾棵大樹擋住了看海的視野。任誰一看都會比較中意左邊已經整理過的地，連水電都拉好了。

　　阿北指著左邊說，這些是檸檬樹，種檸檬樹的地很好，蚊蟲不敢靠近，還有淡淡的香氣。可惜這塊地剛剛賣掉，聽說以後是要蓋露營地的，會放幾個貨櫃屋。

　　話鋒一轉，阿北比劃著右邊的地：「這塊 6 分，係**老農配建**喔！哩揪划算啦！」老農配建的意思是，根據《農業發展條例》修正，在 2000 年 1 月 28 日前就取得的農地，不受土地面積大小蓋農舍的限制，也不必從事農業生產兩年，就可以直接申請蓋農舍。

　　這樣的農地如果出售，會由賣家名義申請建照，等使用執照拿到，再過戶給買家。老農配建的地可以直接跳脫現在的法規限制，但也不是沒有風險，一定要由信任的地政士操作，確保過戶給買家的權益。

　　阿北戴著斗笠的外表雖然是農夫，一開口卻是滿口的生意經，他其實是職業的「中人」，專門幫人仲介物件賺佣金，所以很知道買家想要的是什麼。

　　我其實並不喜歡這塊地，比較喜歡已經賣掉的檸檬地，而且如

果以後這裡真的變成貨櫃屋經營露營地，住隔壁會被吵瘋吧！但既然都來了，我還是要按照慣例試探一下底價，口頭議價看看。

「這塊地都沒有整理耶，也沒有水電，這樣我還要花很多錢。」阿北說：「不然我幫你弄啦！」我傻眼，他連開挖土機整地的活都能接。我問：「真的喔！這麼好，這樣要花多少錢？」他說 6 分地整理好差不多 30 萬元，水電都能幫忙搞定。整地就像房子需要裝潢，有裝潢和沒裝潢的房子價格不一樣，是可以拿來議價的籌碼。不過整地的費用，還要根據地塊的條件，有沒有樹要砍、有沒有石頭要打除、水電拉到什麼程度等等，價差會很大。

隨著阿北的介紹，我發現有很多待售的土地並沒有委託給仲介，也不會在地上插一塊牌子寫著「售」。不像城市裡重度依賴網路，鄉村地區更仰賴的是鄰里之間口耳相傳，「中人」的角色舉足輕重，不只是土地買賣如此，房子也是。每個社區都會有一個「地頭蛇」，是八卦消息的樞紐，誰家要賣房賣地、誰家明年要娶媳婦，地頭蛇都瞭若指掌。

少數經由仲介介紹的，事實上價格也會和本地人不同，因為既然交給仲介，就是希望賣給不清楚行情的外地客，就像我這種半路殺出來的，既不懂農事，也不了解當地行情。鄉村地區的房地產訊息是在封閉的人際網絡裡，除非你能找到地頭蛇，否則就會像隻無頭蒼蠅到處亂竄。鄉村買房買地，也千萬不要想著實價登錄會有用，那都是給城市鄉巴佬看的，本地人買絕對不是這個價錢。

5.

農家的
世代斷層

我很喜歡的一塊地在八桑安，屬於長濱鄉，距離知名的金剛大道約 10 分鐘車程。只要輕輕爬過一個小坡，再轉兩個彎，就看到了這片開闊的稻田，距離海岸線只相隔一條公路。田裡一片綠油油，正是欣欣向榮時節，我站在田地的盡頭，面向海洋，看見海天一色，這個視野，正是我夢寐以求的！

仲介帶著我走了一遍，向我說明要賣的土地邊界範圍。是一塊長方形土地，一分為三，精準地分配每塊都是 2.6 分，符合蓋農舍需要的最低面積標準，顯然是個懂市場需求的地主，太小的地因為蓋不了農舍不好賣。

現在要賣的是最裡面那一塊，角落有一座巨大水塔，就壓在準備出售的這塊地的邊界上。仲介說那應該是附近田地共用的蓄水

買房，也買自由

池，用來灌溉，屬於公有物。遠處還有一間平房，但是沒有人。

　　我雖然喜歡這塊地，卻非常擔心蓄水池會影響蓋房子，座落在私人土地上，卻又屬於公有物，處分起來也許會有點棘手。第二天我又親自跑去看了一遍，這一次在平房遇見了地主。一位皮膚黝黑的阿北正坐在椅子上休息，我走向他表明來意，阿北有禮貌地回應，但不能說是親切，似乎在維持著一種安全的社交距離。

　　原來這三塊地是他和兩位弟弟共同繼承，一人分到一塊。但是老三向來無心務農，很早就到城市裡生活；老二曾經回去幫忙一段時間，結婚以後也放棄務農，帶著太太到市區裡去做生意。於是他一個人守著這三塊父親留下來的地，全都親自耕作，但自覺年事已高，慢慢體力無法負擔，想把其中一塊賣掉，地小一點，勞累也就減少一點。

　　我想像著這樣的畫面：我把地買了下來，蓋起心目中的夢幻小屋，可能是兩層樓，至少是不會被樹木遮蔽，看得到海的高度。然而在這棟房子裡，往另一側的窗外望去，看見阿北日復一日地一人在田裡忙活。而山的方向，仍是一望無際的稻田。於是我的夢幻小屋成了這塊土地上最突兀的存在。

　　我突然意識到自己根本不屬於這裡。大地就該還給大地，在一片田中央蓋起的豪華別墅，是這片風景裡最華麗的諷刺，即使我的願望只是一棟白色的看海小屋。至於那個蓄水池的問題，顯得一點也不重要了。

6.
懸崖上的
神祕富豪

　　每次去都蘭，我都會在喜愛的咖啡店待上許多時間，也因此結交了一些當地的朋友。

　　有次在店裡和幾位朋友聊天，迎面走進一位打扮素雅，卻處處看得出講究的阿北。正值夏天，他穿著短袖合身的純白色 T 恤，搭配白色長褲，還有白色皮鞋，搭配滿頭白髮，卻戴著一副深色時髦的墨鏡。同桌的朋友一眼認出他，大喊：「李董！」（化名）。李董看著友人，露出微笑，彷彿見到好久不見的老朋友，親切地過來坐下。

　　「你身體都好了嗎？聽說你前陣子車禍。」友人說。李董身形高大挺拔，走路有風，完全看不出已經 70 多歲，還喜歡開快車，前陣子天雨路滑，發生事故，所幸只是輕傷，車子卻近乎報廢。李

董笑著說：「新車還在路上，要從台北運下來，沒那麼快。」友人接著問道：「那你今天怎麼來的？」李董用下巴指了指窗外，一輛 Lexus 休旅車停在對面：「我開助理的車子來的。」休旅車是他買給助理開的。

李董退休之後獨自定居都蘭，身邊的女伴就和他的跑車一樣，換了又換，風流倜儻又自在。聊起農地，突然話匣子大開，把整個海線的地形都品頭論足了一番，哪塊地好、哪塊地不值，如數家珍。原來他退休之後也沒閒著，買遍了整個台東海岸線，不但自地自建，還當起建商，最漂亮的地塊幾乎都被他買下來，準備蓋海濱豪宅，賣給他的富豪朋友們。

李董看著我和太太兩個新面孔，一副新鮮有趣，興致高昂地提議：「要不要去我的工地看看？」當然好！我最愛看工地了。他豪氣地幫我們全桌買了單，便一前一後兩部車往山上開去。在九彎十八拐之後，車子停在一座像是莊園的入口，就是恐怖電影會出現的那種場景，有高大又精雕細琢的黑色鐵柵門，打開之後車輛才可以駛入，繞了一圈會停在大宅門的簷廊門口，接著會有門僮來幫忙開門搬行李那種。

把腦中的電影場景擱置，回到現實。現場還是一片狼藉，地面滿是泥濘還有雜草，建築物還是鋼筋混凝土，但依然看得出未來即將展露的氣勢。4,000 坪的莊園，光是建物本身就 400 坪，一進門是挑高 7 米的大廳，伴隨著巨型落地窗；沉降式地板，看得出是未

來的沙發會客區，落地窗外是一片視野無遮蔽的東方日出海景。這種尺度的豪宅，我真的只在美國影集裡見過，或是那種加州富豪真人秀。

等等，我看到了什麼？那是一隻……孔雀？不對，是 2 隻……4 隻，是一群孔雀！出現在門外的草地上！李董輕鬆地說：「那是隔壁人家養的孔雀。」莊園隔壁，也是一棟極其隱密的別墅，種滿了高大的樹木，從外面難以窺見全貌，李董說主人是位國寶級藝術家。

車子又開往地勢更高的山上去。這次在入口處，我看見了車棚，停滿了各種名貴車種。接下來映入眼簾的是一大片悉心整理過的草皮，還有南洋風的椰子樹。主建物是一棟美式的木造平房，看起來比剛才那座莊園豪宅樸實許多，這是李董的家。沿著草皮的邊緣，有一座小木屋，李董示意我們進到這間小屋裡坐坐。

進入小屋之前，我卻被另一個景緻吸引，那就是絕美的海景。說了那麼多次海景，這有什麼稀奇嗎？不不不，懸崖上的海景，和地面上的海景，是完全不一樣的風景。現在我才明白，看海的高度，和有錢的程度是呈正比的。要在視野無遮蔽又不用擔心隱私的懸崖上、還要地勢平坦的地，可不是人人買得起。像我這種凡夫俗子，只能住在海拔 2 公尺的地面上，而有錢的富豪，選的都是這種君臨天下、帝王之姿的寶地。

李董帶我們看了好幾處他正在興建的別墅，這處外表樸實的美

式木屋莊園，才是他自己的住所。李董謙虛地說他自己住得比較簡單，但我反而覺得他把最美的地留給了自己，是真正的聰明人。挨著懸崖邊的欄杆上聊天，他又指著山腳下那棟落在海岸線上的巨型白色建築說：「那棟本來要當民宿，但一直拿不到牌，現在海岸建築法規很嚴啊！後來只好變成私人會所，現在打算賣掉，說要賣我3億，我自己蓋都不用2億好嗎！」那棟白色建築，我每次往返台東市區都會經過，一直都對它的神祕面紗感到好奇，現在竟然在這位阿北的口中億來億去的那麼稀鬆平常。

剛才載我們上山的路上，他一路細數著他的鄰居們。這棟是某某金控集團二代的、那幢是某某上市公司老董的：「你看他蓋的形狀和工法，像洞穴屋一樣，屋頂全都是綠覆蓋，這樣空拍的時候就會變隱形的喔！呵呵。」這裡的主人，全都是在新聞雜誌上才會看到的富豪們，別墅都是他們低調偶爾來度假一次的「行宮」。

原來不論富有還是貧窮，都會被台東的這片海天一色給收服，我們和有錢人之間，總算找到一個共通點。

7.
城市的孩子！
鄉村生活沒有想像中簡單

　　想當陶淵明，第一件事要學會居家修繕 DIY。

　　鄉村的資源和城市裡完全不能相比，這裡可不像市區，餓了打開手機就有人送外賣、馬桶堵了師傅幾個小時就上門，沒有基本的動手能力，在這裡是活不下去的。

　　在自地自建追夢的過程裡，我落腳在都蘭有一段時間，住在一棟看海的小透天裡。為了先滿足基本居住需求，網購了一台小冰箱和一張床墊，煞費苦心地才能找到願意送到這裡的廠商，還要花比城市裡更高的運費。有天晚上我臨時想找一個插座轉接頭，跑了幾家村裡的五金店才找到，價錢足足是台北的 2 倍。在資源缺乏的鄉下地方，生活成本一點也不比城市裡低。

　　再說起倒垃圾。剛入住的第一天，我緊張地詢問鄰居大哥都怎

麼處理垃圾。他說晚上幾點幾點垃圾車會經過，再拿出去丟。幸好，住台北的時候也是受過「追垃圾車」的訓練，這一點不至於太不習慣，但就別指望有什麼代收垃圾服務了，麻煩自己動手。能有垃圾車追是幸福的了，因為我的房子正巧在垃圾車經過的路線上，那山上的人家怎麼辦？山上人家只能自己載著垃圾，放到指定的集中點。

過慣了城市裡方便的生活，一下被打入鄉下從公主變成百姓，還真需要有強大的心智來適應。生活裡的各種小事如此，更別說房子的修繕裝修之事了。

我的本業好歹也是裝修相關，在台北經常翻修中古公寓，但透天老房子的翻修，一坪 10 萬元只能做到外觀簡簡單單、管線重新整理還有粉刷，如果想要有「設計感」，一坪 20 萬元是跑不掉的。透天厝，光是花在「看不見」的地方，至少就要二、三百萬元，才能成為不會漏水、住起來清爽舒適的房子，但就只是看起來簡簡單單。

我處理公寓翻修的時候，一間 30 坪的房子不會超過 50 萬元，當然這也是因為我是經營輕資產包租，需要嚴格控制成本，必須做很多取捨，避免傷筋動骨，才能把成本控制在一坪不到 2 萬元。如果以自住來說，一坪的翻修成本在 5 萬元上下，算是比較普遍能被大眾接受的預算。

但透天厝翻修成本的估算方式，和公寓或大樓這種平層形式

是完全不一樣的，並不是公寓一層預算是 150 萬元，透天三層就是 150 萬元乘以 3 等於 450 萬元這樣的邏輯，因為透天厝有更多的外立面、更多的樓道梯間，還有獨立的門面，樓板的高度通常也比公寓來得高，所以就算是看不見的管路，路線也走得更長。此外像是水塔、化糞池這些設施，在公寓和大樓都是共用形式，我們根本不會察覺到它的存在，透天厝則是完全由自己負擔。如果房子正對著海風，選材必須考慮抗腐蝕；如果還有前後院，植栽景觀的規劃，也都是以前處理公寓時所意想不到的費用。透天老房子的翻修預算，每坪要抓 15 ～ 20 萬元，所以裝潢費超過 500 萬元是家常便飯，如果不想花那麼多錢，就要有超強的 DIY 動手能力。

除了動手能力，與大自然和平相處的超能力也要有。住在看海透天的第三天清晨，我被「嘎～～嘎～～嘎」的聲音吵醒。那是什麼動物的聲音？既沙啞又宏亮，不是雞鳴，也不是鴨叫，此起彼落的聲音震天響，彷彿這間屋子裡住著一群猛禽。我實在被吵得睡意全無，只好穿衣起身走出門外，查探究竟是何許動物也，很快地，我就找到了罪魁禍首。那是一家子的鵝，就放養在隔了兩棟房子的閒置草地上，而鵝家族的主人，正是隔壁鄰居。

於是住在這棟房子裡的每一天，我都被巨大又不定時的鵝叫聲惹得心情煩躁，每次鵝又開始叫，我就忍不住跟身旁的太太開玩笑說：「快拿我的槍來！」心想，到底是什麼樣的主人可以忍受這樣的噪音？不對，看起來這整條巷弄人家裡，只有我無法忍受，鵝家

族可是在這裡住了好幾年，我才是新來的呢！

　　蟲鳴鳥叫是都市人對鄉村浪漫的描述，實際上你每天都伴隨著雞、鴨、鵝、狗、鳥、蟬、蛙鳴，還有各種意想不到的室友，如：蜘蛛、壁虎、螳螂、蟋蟀、蚊子等等，你家就是牠家，全家就是你家。而你家後院的草，沒有一個月就長出來，落葉積得滿地凌亂，你就想著哪裡去找割草機，還是吹風機，我說的是吹落葉那種。農用機具是鄉村居家常備，如果城市裡的你連電鑽都沒拿過，恐怕日子會很難過。

　　還有一天晚上，我聽見一聲低沉的爆破巨響，緊接著，整間房子都在震動，窗戶發出碰撞的隆隆聲，持續了好幾秒鐘。我嚇傻了，奪門而出，察看房子是不是受損了，還是外面發生了爆炸。但是鄰居們全都很淡定，安靜得一如往常，彷彿什麼事都沒發生過。

　　第二天，我從朋友口中得知，是屏東的中科院進行了飛彈試射，台東也有軍事基地，這些聲響對於兩地的居民來說都已經習以為常，只有我這個外地來的小白嚇得皮皮挫。在台東，天上飛的都是戰鬥機，鄉民們可要習慣。

　　在城市裡，我們習慣了車水馬龍，汽機車呼嘯而過的聲音，還有街上路人交談的白噪音。人家都說鄉下安靜清幽，卻不會有人告訴你鵝很吵，還有飛彈的震天響，越是寂靜的夜裡，越突顯這些聲音的響亮。

　　聽完這些生活細節，你對鄉村生活的想像依然美好嗎？至少我

這個城市鄉巴佬是醒了！如果你還是堅信自己可以克服，建議你先花半年的時間在鄉下租房子體驗看看，千萬不要貿然買地買房，住沒多久就哭著想回城市的故事太多了，我就是一個。

8

自地自建
是有錢人的奢侈品

　　就這樣來來回回往返台北和台東，將近兩年的時間，北到長濱、南到都蘭的海岸線，都是我的獵地範圍。

　　我並不急著找到一塊地，總覺得心裡還有一些事情沒想清楚。像是長濱那樣有著完美的 15 度傾斜角望向大海，背靠雄偉的金剛山，每天都能看到山峰垂降下來的雲霧，理應是個完美的樂活之地。但偏偏，長濱是個前不著村後不著店，幾乎可以說與世隔絕的地方，正好位在花蓮與台東市區中間，不管進哪一邊都要 1.5 小時的車程，可以採買日常用品的地方就是那間唯一的便利商店，大型超市則要開車到一個小時車程的成功鎮上。對於習慣了都市裡便利生活的我來說，我強烈懷疑自己能夠適應這樣的生活。

　　另一方面，如果買農地自地自建，需要先取得「農民」身分，

並且有實質的農作物產出證明達兩年，才可以蓋農舍。農作物需按土地大小換算應有產值的比例，並且真正銷貨販售，不能只是像都市菜園那樣隨意種種香料自給自足，必須送產銷中心，才可以拿到證明。

也就是說，買了農地，得先當農夫兩年，才可以開始蓋農舍。這段期間的住宿只能是臨時的「資材室」，就是之前在農地上看到的小小平房，也有人使用貨櫃屋。從名稱上來看，它其實是讓農夫存放耕作材料和器具的地方，不是用來住的。

不過確實有些人礙於農舍的種種限制，就把「資材室」改造得小巧精緻，當作 Tiny House 來實現自地自建的夢想。但資材室究竟是否被允許居住，每個縣市主管機關的解釋都不太一樣，有些從嚴，有些不太管，事前還是要多詢問了解。

還有一個讓我遲遲無法下決心買地的關鍵，是「現金」的問題。土地貸款不像房屋動輒可以貸到 8 成，一般來說只有 5 ～ 6 成，需要自備一半的現金，對於自備款的要求非常高，給我造成非常大的壓力。就算買了地，不論我是否真的自行耕作，還是委託給當地農夫代耕，都必須等二年的時間才可以開始蓋房子，一蓋又是三、四年過去。這等於是把大量的現金押在這塊土地上，卻不能入住，也不能帶來任何現金流。它像預售屋一樣無法即時交屋，卻又不如預售屋一樣能讓你分期付款，而這還沒討論到，接下來蓋房子又需要多少現金。

從需要的自備款來看，如果覺得城市裡的房子太貴負擔不起，那麼就不可能負擔得起買一塊地自己蓋房子。房子只需要 1/5 的現金就能利用貸款買到，土地則需要 1/2。即使我朝著自地自建的目標存錢，等到手上真的有了這筆現金，我也懷疑自己投入的決心，因為從機會成本來看，同樣一筆現金如果投入在正發展的事業上，可以創造更高的資金利用率。

只能說，自地自建的夢完全是一個「奢侈品」，是手上有大量閒錢的有錢人才負擔得起的夢想。

9

不買房
住露營車也不錯？

　　房價的高漲，似乎也帶動了露營房車的討論，身邊有不少朋友都在近幾年開始瘋露營，也開始出現關於「住在露營車上就不用買房了」的聲音。

　　2020 年，我曾投入露營車租賃事業，花了不少時間研究露營車的改造技術與相關法規，也歸納出一些心得，可以和夢想擁有一台露營房車的朋友分享。

　　露營車基本上可以分為廂型、拖曳、承載、自走等四種形式。廣告最常見的福斯商務車或麵包車，就是最典型的廂型露營車；拖曳需要額外的駕照和額外的車位，算是進入門檻比較高的一種，加上台灣山路崎嶇窄小，拖曳式並不普及；承載式會用貨車或皮卡作為母車，上面揹一個重重的車廂，屬於可拆卸式；自走式則是用大

型保姆車或貨車整體改裝，是我們印象中最常見的一種專用露營車。

不論哪一種形式，露營車基本上需要解決煮食、睡覺和浴廁這三大民生問題，否則充其量只能稱為休閒車。其中煮食和睡覺都相對簡單，用個卡式爐就能稱為廚房，座椅打平就能睡覺。難度最高的是解決上廁所和洗澡的問題，這就不是每一種露營車都能配有的設備。

如果我們要考量的是露營車究竟能不能取代住房，作為一種生活的解決方案，我想第一要關心的便是浴廁系統使用的方便性。大家觀看別人露營車開箱的影片時，也許會覺得在車上就能洗澡上廁所好方便，但是可能沒有想過，它的排水和排便系統是怎麼運作的？

在自己家裡，馬桶和淋浴間都在固定位置的，地下預埋了淨水管和污水管，髒水和糞便經由建築物的管道間排到公共的污水下水道，再流到污水處理廠，整個過程都是看不見的，是我們繳的稅金讓政府蓋出的這些公共建設幫我們輕鬆處理完這些垃圾。

露營車呢？露營車是移動的，不可能水龍頭一打開就有源源不絕的淨水可以使用，只能暫存在水箱裡，一定時間就需要補給。也沒有預埋的糞管自動處理人體排放出來的垃圾，露營車使用的通常是移動式馬桶，就像夜壺，它只是把糞便尿液暫時存放在底座裡面，但是幾次之後，你需要自己把它帶出去，找一間公共廁所倒掉，

一切都是手動的。

露營車也並不是隨心所欲就可以停泊，例如不能在停車場展開露營，打開爐台烹煮食物、排放廢水、任意從公共廁所接水接電，都是不被允許的。可以說，你只能在荒郊野外、露營地等不會影響到他人的特定場所，才能「紮營」，自由使用設備。

居無定所雖然漂撇，副作用卻是無法像固定居所那樣生活便利。而台灣的露營法規還不健全，對於露營車的停泊規範都還處在灰色地帶，即使到了專用的露營地，也不像露營車發展成熟的美國一樣，有規格一致的水電接入基礎設施，讓車子可以像固定居所一般，在停泊期間把污水直接排入公共管道，一切都還處在比較原始的狀態。

就我自己的經驗，一台要滿足基本生活功能完整的露營車，需要投入的資金成本並不亞於買一間房子的頭期款。福斯露營車 300 萬元起跳，合法的自走式 400 萬元起跳，承載或拖曳式則還需要考慮母車和停車位的購置成本。雖然買車可以分期付款，但是車子只會隨著時間貶值，卻不能像房子一樣帶來增值。

購買老廂型車自己改造，是許多玩家省錢的選擇，但是民間改造在台灣會面臨諸多法規的限制與挑戰，如果你活動的地區是在鄉下地方，一台不完全合法的車子在路上跑都不會有警察攔檢，或者監理所定檢寬鬆，沒有不可以。但若是你在都市地區活動，你會發現擁有一台露營車大概只是徒增煩惱，或者說，是屬於有錢人的煩

惱。

　　這是否把你從露營車夢給敲醒了呢？目前為止，我還沒有聽過任何一位露營車玩家朋友認為房車生活可以取代居所，成為正式的居住解決方案。實際擁有過的人，都知道現實與想像的差距有多大，還是當作娛樂就好。

　　更重要的是，車子是耗材，房子是資產，擁有露營車就像自地自建，有了閒錢才值得追求。

💰 本章重點筆記

1. 鄉村買房買地靠打聽，「中人」比仲介掌握更多資訊。

2. 看地的基本準備功：先看空拍圖，再查地勢和高度，陡峭地形蓋房徒增成本。

3. 觀察農地是否已經配有水電，地塊是否還需要整理，這會影響你的建置成本。

4. 觀察附近果園種什麼作物，風向如何，以免農藥飄到你家。

5. 農地蓋房有非常嚴格的法規限制，貸款成數也很低，需要的現金比買房多 3 ～ 4 成。

6. 要在鄉村生活，一定要有動手 DIY 的修繕能力，也要能適應與昆蟲相處。

7. 露營車租來體驗就好，買車的錢不如買房，車是耗材，房是資產。

北、中、南
買房文化大不同

房地產是非常區域性且在地化的，每個地區的市場機會和價格變化都不會完全一樣，甚至連「文化」都不一樣。在不同地區買房，會發現由於當地居民的生活習慣不同、生命經驗不同，買房的偏好與品味也不同，造就了建商推案時，也會形成與其他地區不同的主打特色。

　　這個章節，想要分享作為一個被天龍國房價摧殘多年的小中產，我對於「脫北」可能性的思考，在全台灣各地尋找其他宜居城市的探索，所觀察到的房產現象。

　　最後，如果你成功被我說服買房應該用置產心態，不要侷限於自住，那麼，如何在異地尋找一間有投資潛力的房子，我用包租多年的經驗幫你歸納了重點。

1

疫情改變了
居住的想像

　　從自地自建的夢裡醒來之後，因為短暫的鄉村生活，我終於明白自己並不如想像中適合住在鄉下，我低估了適應鄉村生活需要的動手能力，也誤以為鄉村就會比城市安靜。我對自己年老退休之地的想像，又開始改變，而這時，後疫情時代也迎面而來。

　　時間來到 2021 年，疫情爆發已經一年多，期間雖有幾次三級警戒，然而隨著疫苗的普及，生活也漸漸回歸正常。但是這場疫情，卻大幅度地改變許多人對於「家」的想像。

　　疫情使很多人被迫遠距工作，待在家的時間比以往多了許多，大家開始意識到「家」不能只是滿足睡覺功能，還需要有工作和休憩的空間。對於我的包租事業來說，竟意外成為一種助力。當許多包租公被疫情衝擊流失租客，我的共享公寓滿租率卻絲毫不受影

響，有些時候還出現供不應求的情況。

因為許多原本租住在套房的租屋族，變得無法忍受套房的窄小空間，以及不能自己煮食的不方便，開始往整層住家型態的合租公寓移動。這顛覆了一般人對疫情走勢的想法，按照直覺，會認為合租型態的公寓有防疫衛生的疑慮，大家應該會更嚮往隔離型態的套房，事實卻正好相反，從我公司的經營實務來看，因為防疫疑慮改住套房的人，比例不到 5%。絕大多數的人，認為有更寬敞的居住空間、更舒適的設備環境，以及室友同儕提供情感上的支持體系，來適應後疫情時代的生活，才是最重要的。還有一部分人，則是出於經濟考量，在就業環境持續不穩定的情況下，面臨了經濟壓力的租屋族，放棄了高租金的套房改住更經濟的合租公寓。

租金持續上漲，居住成本不斷提升，則成為後疫情時代另一種推動力，除了從套房移動到共享公寓，越來越多人發現，他們沒有必要堅持「留在台北工作」。遠距工作成為常態後，他們意識到生活其實還有其他選擇，居住的城市也不見得必須在固定地點，數位遊牧族或是自由工作者，可以選擇居住在生活成本較低的地方，但是仍然服務主要城市裡的客戶。

一本描述財務自由的人都是怎樣過生活的書《FIRE 致富實踐》，就提到了這樣的生活方式。許多人利用「地理套利」來實現財富自由，也就是住在生活成本低的地方，但是賺取 Global Pay。例如泰國的清邁，居住了許多利用網路經營事業的自由工作者，他

的客戶無遠弗屆，賺的可能是美金、是歐元，但花的是泰銖，地理位置的優勢，讓他的收入和支出自然地產生了利差，所以他能存下更多錢，來支持更有品質的生活。

我其實也認識不少住在台東、台南的自由工作者和創業家，他們正是這種生活的實踐者。他們很早就意識到，台北是一個貧富差距不斷擴大的巨獸，年輕人的創業資本被巨大的生活成本不斷吞噬，不友善的生存環境，也扼殺著對生活的熱情與夢想。所以他們選擇到異地生活，卻過著比在台北更有品質的生活，也變得更從容自在。

這樣形容台北或許很悲觀，但是「脫北」、「南漂」卻逐漸成為顯學，我也開始問自己：離開台北，可能嗎？

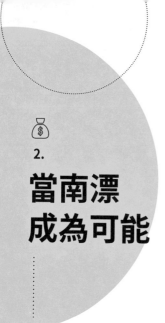

2.

當南漂
成為可能

我曾以為逃到鄉下的海邊，遠離了城市的喧囂，就可以活出自己想要的樣子。但在經歷了一段時間的鄉村生活，才明白逃離城市也需要付出代價。沒有城市裡的便利，凡事需要自立自強親自動手。習慣了垂手可得的生活服務，鄉村生活的每一天，面對日常每一件細瑣的小事，都有一種無力感。然而鄉村生活的重心就是生活本身，不是工作，不是上班，而是照顧自己，照顧房子，甚至是照顧院子。

鄉村生活的夢，被我推遲了，但留在城市裡，有沒有除了台北以外的選項呢？

自從 2016 年從上海回台灣創業，我毫不猶豫地就選擇了台北。起因自然是地緣關係，台北是我大學唸書和工作了幾年的地方，而

我從事的又是極度講究在地化的包租行業，必須從自己熟悉的生活環境展開，才能最快進入狀況。

但後疫情時代造成了人口移動的變化，台北的年輕人口正不斷流失。我常想，沒有了年輕人，這座城市會是什麼樣子？豪宅依然是豪宅，老破窮的公寓也不會被全數都更，而中產階級消失，最後也許只剩掌握權力核心的政商名流，所有的服務，只為權貴而生？

我也曾為了留在台北非常努力，事實上我大半輩子都是為了留在台北而努力，陸陸續續在中國工作八年，彷彿也是為了將來有足夠的資本回到台北生活。年輕時留在台北的理由，就如同《台北女子圖鑑》的林怡姍：「只有台北有我想要的工作。」

當然要離開台北到其他城市生活，不論是繼續就業還是自己創業，在產業的選擇上都還是有一些偏向，畢竟每座城市的產業聚落不同。如果繼續就業，並且希望是高薪的行業，新竹大家自然聯想的就是竹科工程師，台中則是精密工業與傳產為大宗，台南則是與竹科走相同路線，也是以半導體產業為主的南科，比較有機會拿到高於其他行業的薪資水準。

我們不可能每個人都是工程師，台灣的半導體從業人員事實上也只佔人口的 1%，那麼不是這些產業的人怎麼辦？搬去這些地方要做什麼？

其實，一個產業的聚落要能成形，除了提供上班的工作場地，還需要滿足這些就業人口日常的食衣住行以及育樂需求，所以在這

些高薪族群生活的地區，自然也會帶動其他產業的需求。以住的方面來說，幾萬人的科學園區，這麼多人的住宿怎麼解決？有人會直接買房，也有人會選擇租房，所以南科周邊的新市、善化，甚至蔓延到台南市區，房價和租金才會越來越高，因為有一定的剛性需求在支撐。而隨著住房需求，又會衍生其他生活服務的需求，例如餐飲、居家清潔、洗衣、寵物照顧等等。

有一次我誤打誤撞經過台南永康，那時已經是晚上 10 點多，卻遠遠看到一家冰店高朋滿座，好奇之下我也吃了一碗芒果冰，沒想到一碗要價逼近 300 元，比台北永康街還貴。再仔細看前來吃冰的人，大部分都是對面社區大樓走路過來的，是附近的居民，不是觀光客，而一碗冰 300 元，對他們來說似乎稀鬆平常，一點也不以為意。高鐵站旁的三井 Outlet，我在抵達台南那天順道逛了逛，時間是週一的下午，裡面的人潮絡繹不絕，熱鬧非凡。

半導體帶動的不只是科技的人才就業，而是促進了整個台南食衣住行各個行業的蓬勃發展，高消費力族群，只怕沒地方花錢，而我看到的台南，還有很大的民生消費市場潛力，特別是針對高收入族群的高端服務。

我認識的脫北到台南創業者，有一位原本在台北從事房仲業，奮鬥了將近二十年還是孑然一身，存款是有一點，但距離買房的夢想卻沒有變得比較近。毅然離開台北之後，在台南開了一間日本料理店。店面小小的，就藏在老城區的巷弄內，只有 10 個座位，一

天只能接待幾組客人，全部採預約制，沒有預定是走不進去的，提供的是當天最頂級的海鮮食材，沒有菜單，大廚說今天吃什麼就吃什麼，價格當然也不可能便宜。他過得不能說是大富大貴，但是完全自給自足，收入完全取決於花多少時間工作，想休息旅行就關起店門，不必看任何人臉色。四年後，他就在台南買了房，實現最初的夢想。聊起台北，他直說很後悔，後悔沒有早一點離開。

還有一位朋友，原本在台北從事行銷企劃，身心俱疲之下到台東旅行，在慢活一段時間之後毅然辭掉了台北的工作，移居到台東。他不是自己創業，依然任職行銷相關工作，但因為一直有心搬到台東定居，長期關注當地的相關工作機會，也深耕地方性的社群組織，所以當某間公司在台東開設了這個職缺，他立刻就無縫銜接地得到了這個工作。他的薪水並不比在台北的時候高，但是生活成本不到台北的 2/3，光是房租就省下 1/2，所以他反而存下了更多錢，也計畫幾年後要在台東買房。

他們一一突破了「只有台北有我想要的工作」的限制，而我也是在創業以後改變了這樣的想法。我還是渴望城市裡便利的生活，但是走出了台北，我在這些先行者身上看見更寬廣的視野。雖然我現在的事業還是必須依賴一些地緣關係，短期內無法說走就走，但我正逐步實踐，讓自己越來越脫離對地域性的依賴。

我開始藉由看房，探索一座城市的宜居，試圖尋找讓我留下來的理由，於是展開了北、中、南的看房之旅。

3.

台北買房，
不如租房

衡量租房還是買房划算的指標，是房價租金比，也就是「買房總價可以租幾年的房子」。雙北市買一間房子的總價，可以在同區域租房子超過四十年。請問這樣的情況，你還會想買這裡的房子嗎？

大部分人嘴巴上說不要，身體還是很誠實，抱怨房價貴，正是因為渴望擁有，沒人要的東西是不會有抱怨的。如果不是大家都擠破頭想留在這裡，也不會造就它的房價如此高不可攀。我也不諱言，台北生活對我來說有其迷人之處。

就舉最簡單的「人行道」為例。我的老家在台中，聽我媽抱怨了一輩子「沒有人行道」這件事，基本上人都是被車逼著走。台南的地方媽媽們，也經常抱怨騎樓高高低低，根本沒有規劃無障礙空

間，推著嬰兒車出門簡直是自找麻煩。我不是說無障礙空間只有台北市有，但台北市的普及率是相對高的，不論住在多麼老舊的街區。

台北市也是唯一一座生活在這裡不需要自備任何交通工具就可以活得很好的城市。有最密集的大眾交通運輸系統，所有需要的生活機能，步行都可抵達。此外，台北的醫療資源與空氣品質，是其他城市難以媲美的。

這些也許都只是些不起眼的小事，但一座城市住起來是否舒適友善，不正是體現在這些日常生活的細節嗎？我不是要一面倒誇台北好，它的缺點也是很明顯的，就是貴又舊。

我人生買下的第一間房子，雖然是在台北市，但是超高屋齡讓我最後選擇出租而不自住，加上我很怕地震，所以如果考量自住，我還是會希望買新房子。但新房按目前單價都破百萬來看，三房隨便就破 5 千萬元。

要說台北市買房，老實說我們並沒有太多選擇，就是看地點，什麼景觀、朝向、車位要平面、要挑建商，還要避開嫌惡設施，這些都是奢侈，不要想太多，價格買不買得下去才是重點。

看過六張犁一間知名建商的預售屋，從 4 米的窄巷進出，鄰房老舊的鐵皮加蓋公寓只有 1.5 米的棟距，唯一的景觀窗，放眼望去卻是一片福地，這樣的房子，沒有 6 千萬元還買不到。也看過大直水岸小豪宅，但是不好意思，7 千萬元是低樓層的市景房，沒有破

億的身家看不了河。

在台北這樣寸土寸金的地方，我們被迫變得眼高手低，喜歡的買不起，買得起的看不上。我沒有放棄在台北擁有一間自住房的夢，但也非常理性看待居住成本的計算，買一間房的成本可以租房四、五十年，租房其實超級划算，不需覺得委屈。

但如果你就是有預算想買，我可以給你幾點建議：

一、台北市買房只能當作自住的奢侈品，不要考慮投資，投報率不只是全台最低，放眼全世界也是排名倒數。新北市有機會出現投報還可以的物件，但我個人會更傾向到其他城市買蛋黃區，因為新北租客主要是由台北市外溢，付租能力與平均素質不會比六都其他城市住在蛋黃區的租客來得好，這是我身為包租業者的第一線觀察。

真想在台北投資房產，要用「輕資產包租」模式，房價越高的地方，代表用租的越划算，因此以長租形式再轉租，才能獲得比買房出租更高的租金投報率。關於輕資產包租如何執行，歡迎參考我的另一本著作《不買房當房東：年投報率 40%！建立可愛的第二收入》。

二、中古屋最好買屋齡二十五年以內的，屋齡越大，漏水問題一定會讓你修到懷疑人生。隨著房屋的殘值越來越低，貸款成數也會越來越低，會越來越難脫手，都更的成功機率不到 2%，你還得有命等。至於海砂屋、輻射屋、耐震度等其他問題，我在「**中古屋**

看房不踩雷」篇有詳細的說明。

　　三、預售屋一定要挑知名建商。這一點不管在哪買房都一樣，但是在台北必須特別強調，因為台北市現在能開發的素地幾乎沒有了，都是靠危老都更，大建商看不上這樣的小案子，幾乎都轉戰中南部，才有夠大的重劃區開發。而因為台北市基地面積都很小，願意花費長時間整合的建商，都是名不見經傳的小公司，甚至是一案建商，如果財務體質不夠強壯，很容易在央行限貸、銀行緊縮銀根的情況下應聲倒閉，變成爛尾樓。這種情況在北部會比中南部更明顯。

　　如果離開台北，房價立刻從每坪三位數變成兩位數，總價便宜一半以上，選擇也多了很多，台北的小套房預算到中南部可以變成3、5倍大的豪宅。若你沒有非留在台北不可的理由，又覺得租房很委屈，一定要買房才有家的感覺，我建議你不妨認真思考脫北的可能。

4.

台中買房，
首重品牌

　　我的老家在台中，這座城市對我來說既熟悉又陌生，我的老同學多住西屯和南屯區，只有我家在北屯。中學時家裡買了北屯的房子住，卻把我送進西屯的學校，因為那是當時升學率前幾名的明星學校，每天上學我得來回各花 50 分鐘騎單車，直到考上了中女中才輕鬆一些。

　　我去同學家玩，發現他們大部分都是住在透天的房子，是有社區入口又門禁森嚴的那種高級洋房，不是傳統的街邊厝。有一位同學家裡一進門是挑高 7 米的大廳，中央有個巨大的水晶吊燈，半層的樓中樓是廚房和餐廳，整棟樓的房間多得數不清，他現場演奏了學習多年的小提琴給我們聽。

　　這些原本變得很模糊的記憶，直到回台中看房這幾年，我開著

車在七期和文心森林公園周邊繞，忽然鮮明了起來。這一帶房子的長相，完全符合記憶中的畫面，原來，我的同學是因為家裡很有錢，才會住在這裡，住在這樣的房子裡。又或者說，他們的父母買房的眼光很好，當時七期也不過才剛剛議定成為新市政中心不久，二十年後，現在是台中房價最貴的區域。

而我認為在市區裡，擁有景觀是最珍貴的，綠覆蓋越高的區域，房價越保值。所以當我有了到台中看房的想法，第一個鎖定的區域就是西屯和南屯區，圍繞著文心森林公園展開。另外一個我認為未來很有保值潛力的區域是水湳經貿園區，圍繞著中央公園。

我開著車在周邊繞，先看看街景以及整個街廓的樣子。在最精華的七期，我發現高樓密布，這裡號稱「台中曼哈頓」，豪宅林立，從夜晚的高速公路看過來，確實有一種小曼哈頓的錯覺，不過真的走到這些高聳建築的樓下，卻發現爭相搶奪天際線的建築群，把美好的日光也擋在高樓之外，有許多房子被打進陰暗的角落，日照與它無關。

所以我很快就放棄在七期看房子的想法，這裡的建築密集度，實在已經超出了我能接受的程度，何況這裡還是房價最貴的地方。

接下來我在網路上搜尋了附近的「重劃區」，想看看每個區域的規劃特色。一個新興重劃區的規劃方向，是影響這一區未來街廓長相的關鍵，例如主打商業開發，那麼未來房子就會長成商業大樓或是住商混合形式，這樣的房子講究高容積率，建築線不會退縮，

綠覆蓋也不會高。而如果一開始政府規劃的就是低密度開發，對於建築的規範就會傾向要求更高的綠覆蓋、更多的退縮，也不會看到太多商店。

鎖定特定區域後，接下來我針對正在這幾個區域推案的建商做了一些評價的調查，最後篩選有興趣的建案約看。在篩選建商的過程中，我發現台中人對於建商品牌的認知非常一致，哪些是好的建商，幾乎答案都是一致的。所以在台中買房，只要稍微做點功課，是很難踩雷的。

如我在「預售屋看房全攻略」篇提過，建商推案的時候，會將產品做目標族群的設定，40 坪以下是針對「首購族」，40 ～ 60 坪是「換屋族」，60 ～ 90 坪是「輕豪宅」，90 坪以上則定義為「豪宅」。台中每家建商對於自己的品牌都有一定的定位，不太會出現跨太大級距的產品。

在台中看房還要知道一件事，就是已經不太會有建商拿「耐震工法」來做主打。第一次踏進台中建案的銷售中心時，我詢問了關於耐震工法的問題，這是我在其他地區看房時很習慣問的，甚至不等你問，建案都會拿「制震宅」作為主打的賣點。但是在台中，我問了這樣的問題，對方卻一臉不解地反問我：「這些都是基本的，我們二十年前蓋房子就這樣做了。」

1999 年 921 大地震後，全台的房市都進入大蕭條，但因為震央在中部，台中的房子首當其衝面對房子耐震不足問題，因此中部

的建商面對震後重建的特殊時期，率先開始全面轉型，特別重視建材工法，並且比其他地區的市場都面臨更劇烈的競爭。經過了將近二十年的發展，硬體的工法技術早已成為基本標準，不再會是推案主打的題材。

現在台中一線建商主打的是「軟服務」。指的是像酒店式公寓的物業管理，舉凡公共廚房常設五星級飯店主廚駐點、子女上下學接駁巴士，甚至連洗車都不用出門，櫃台預約就會請洗車業者來到停車場服務；也有建商和長照機構合作，提供就醫接送、到宅沐浴等服務。物業管理的服務包山包海，堪比五星級飯店的隨行祕書，這些是目前台中輕豪宅與豪宅推案的賣點。雖然住起來很尊榮，不過付出的代價也不低，要能支持那麼多服務，管理費也相對高。

台中的建商比其他地區都更重視品牌經營，所以往往會自己銷售，不透過代銷，也培養出自己的長期忠實買家，新的推案常常都在口袋名單的買家中就銷售完畢，如果是新來客，只能等一手買家出脫，才買得到二手房。

有一次我特別預約了一家知名建商想要看預售屋，沒想到，銷售人員只是拿出一張海報紙，就介紹完房子，不但沒有樣品屋，連文宣品都是極其簡單的一張平面圖。他說：「因為我們都在預推時，熟客就買完了。」他今天會接待我，是因為旗下另一案的新成屋，有一戶人家要賣，他們為了服務客戶，也設有仲介部門，幫老客戶賣房子。所以，即使我是在一得知建案公開銷售的頭幾天就預約，

還是買不到建商直售的房子，搶手程度實在令人嘆為觀止。

另一個知名建商，我想約看他們的一個預售案，竟不得其門而入，電話裡的銷售人員說：「我們都是說明會形式，沒有單獨的一對一接待，先幫您預約，如果有空位再通知您。」結果幾個月過去，我再次接到電話，卻是想要再次做客戶篩選，了解我人在台北無法隨傳隨到後，就再也杳無音訊。後來台中的朋友告訴我，這家建商會做買家財力調查，他花了九牛二虎之力證明自己的財力，才買到他們的房子，當然也不是隨便就能約看。

這些一線品牌建商，還有一個共同特色，就是廣告看板都極其精簡，一律素色背景打底不花俏，只寫上品牌加建案名稱，一個額外的贅字都沒有。如果在高速公路上看到這樣的看板，一時之間還會不明究理，想說這廣告到底想說什麼，摸不著頭緒。接觸過台中的房產才知道，這是台中房地產廣告的特色，越是豪宅，越是省話。

當然不是所有建商都這麼炙手可熱，剛剛舉例的都是輕豪宅和豪宅的情況。但是從這些例子可以看出，中部人買房的時候，對於品牌的重視。有一些建商以「造鎮」聞名，主打首購族可以負擔的經濟型房子，就不會有上述那些軟服務；而介於中間價位，鎖定「換屋族」類型的，也有一致公認的推薦品牌。

如果考慮自住，我最喜歡的地區是單元二。它緊鄰七期和五期，享受了便利的生活機能，卻沒有高樓的壓抑擁擠，低密度住宅區，建蔽率和容積率都低，所以街廓會有更多的綠覆蓋也更幽靜，

現在是七期之後的新興豪宅區，但價格親民一些。若眼光再拉遠一點，未來二十年到三十年，我則看好水湳中央公園周邊，以上純屬個人意見。

如果要在台中買房，先按自己的預算和所需坪數做產品設定，很快就能鎖定合適的建商。每一個建商都有自己的品牌定位，很少出現全產品都做的建商，做首購產品的，也許也會推出換屋型產品，但是鮮少會跨足豪宅型；反過來說，主打豪宅的建商，也很難看到它哪天突然推出平價房。如果有個建商平常就以首購型產品知名，突然有一天推出豪宅，我相信你也會懷疑它的建設品質，因為不同定位的產品價格不一樣，使用的營造、工班、建材等級也不會一樣。專攻特定產品，才能用比較固定的工班和建材，也才能比較好地掌控營造品質。

全台灣觀察下來，我必須說台中的建案是最優質的，用一樣的價格，在其他城市看不到這麼精緻的規劃和建材品質，更別說那些軟服務了，這是我在其他城市都沒看到過的。加上台中天氣好，很少下雨，房子的狀態長年都維持得很好。不久前我到一位好友家裡幫他看看房子的維修問題，五十年的老透天，不用特別維護，狀態也像 20 歲的青少年。要是在台北，三十年就到處發霉漏水爛到骨子裡。如果要說缺點，是台中的空氣品質確實較差，不過霧霾情況也不是只有台中才有，整個西岸大概脫離雙北之後都不會太好。

儘管如此，身為台中人，我還是非常推薦看看這裡的房子，思

考移居的可能性。要不是因為我在台中長大，有一種近鄉情怯的複雜情感，有時人就是最想逃離那個長大的故鄉，不然我也會考慮台中作為退休之地。

5

高雄買房，
用刪去法

　　打開網路搜尋「高雄推薦建商」，會發現眾說紛紜，每個人的答案都不一樣，有支持本地老字號的，也有點名外來品牌，但一字排開也有大大小小幾十家，要在高雄看房，鎖定建商品牌比其他城市顯得困難許多。最後我發現比較有效率的方法，是直接鎖定建案，再打聽建商評價，用排除法，節約了不少時間。

　　前往陌生的城市看房前，我會先打開區域地圖，了解本地人心目中的「蛋黃區」、「蛋白區」和「蛋殼區」分別是哪裡。接下來是 google 本地的「重劃區」，看看政府規劃的重大建設分別落在哪一區，並且在網路上調出這一區的「都市計畫說明書」，看看政府對於此區的重點規劃是什麼。最後，再開車沿著鎖定的這些區域，一路觀察交通動線，也細看街廓和建築的長相。

不論自住還是投資，我都建議儘量買蛋黃區的房子，才能抗跌保值。我鎖定的是左營以南靠西側的區域，包括左營、鼓山、三民、亞灣新區，其中鼓山的平均房價最貴，亞灣新區則是近年來超大型豪宅的新興聚落。

由於我的理想居住坪數是室內 40 坪，所以鎖定建案的時候，以權狀 60～70 坪為主，有趣的是，這樣的中間坪數建案在高雄非常稀有。代銷告訴我，高雄人對於住宅的需求還是處在比較兩極化的階段，要不就是首購與換屋族主流的中小坪數，要不就是百坪以上豪宅，60～90 坪這樣中間坪數的需求人口比較少。

60～90 坪產品被定義為「輕豪宅」，目前在台中發展得比較成熟，台北也比較有機會看到，其他地區還不多見。這是在豪宅已經發展非常成熟之後才會出現的第二代產品。台中的輕豪宅市場之所以會發展成熟，是因為早在十多年前，中部一線建商就一直大力主推百坪以上豪宅，從 100 坪到 200 坪，後期甚至推到 300 坪，這些都是以企業家第一代為主力買家，也就是頂級富豪。但是隨著富二代們長大了，許多是海外留學歸來，生活方式和品味與上一代不同，也並不希望和父母同住或三代同堂，所以新一代年輕富豪們並不喜歡那麼大的房子，坪數稍小的房子才符合口味。還有一些是自行創業的新貴企業家，他們有相當的財力，追求精緻的生活，也是輕豪宅的主力買家。

高雄的現在比較像是早期的台中，豪宅仍以百坪以上為主，中

坪數產品非常少見。所以像我這種中坪數需求,在高雄並沒有看到合適的房子。我只好假裝自己是富一代,看的都是破百坪豪宅,說真的也不是沒有心動過,剛去看高雄最頂級的百坪豪宅時不到 40 萬元,總價大約 5 千萬元,這樣的價格在台北市無非也就是一間室內 20 幾坪的小房子,在高雄卻是超級豪宅,瞬間覺得自己是土皇帝。

即使百坪豪宅是高價市場的主流,我仍然感受到建商的銷售壓力很大,因為央行對於高價住宅的貸款限制,台北市 7 千萬元以上、新北 6 千萬元以上、其他地區 4 千萬元以上,貸款最高只能 4 成。所以在高雄如果買一間 5 千萬元的房子,自備款是 3 千萬元起跳,還有呢,大部分的豪宅都是毛胚交屋,100 坪的房子裝潢費超過 1 千萬元很稀鬆平常。所以有建商願意自行提供額外的貸款給買家,就怕買家嫌自備款太高。願意做到這樣,就知道豪宅有多不好賣了,即使當時是在房市最熱的 2021 年。會使用全現金買房的富豪,其實沒有想像中那麼多。

既然我不是富豪,還是趕緊從土皇帝的春秋大夢醒來,看一點正常的房子吧!

高雄的建築外觀,只要是近十年內的新建案,都可以發現「垂直森林」的特色,整棟樓的陽台都種滿了樹,很容易被稱做「會呼吸的建築」。是高雄人特別喜歡當綠手指嗎?其實這是高雄市政府主導的節能政策,建商設計房子的時候只要願意保留一處深度 3 公

尺以上的陽台，並且 1/3 以上面積種植植栽，再搭配一些節能設計，就能獲得容積獎勵，綠陽台便變成高雄建案的特色，這樣的建築被稱為「高雄厝」。

我個人非常喜歡大尺度的陽台，有了夠深的遮蔽，可以有效減少雨水滲進房子，而且在天氣炎熱的時候，可以避免直接的日照來降低房子的溫度，所以高雄厝陽台的設計深得我心。不過由於我不是綠手指，非常不擅長栽種植物，不管人家說多好養的植物，在我手裡也是必死無疑，所以陽台造景變成我的痛點。但是高雄厝的設計，建商早已想到了這一點，通常都會採用自動澆灌系統，不會造成住戶的負擔，而一般人擔心植物根莖往下生長造成滲漏水，也會在結構設計之初就排除掉這個問題。

高雄厝的大陽台設計，雖然有很多好處，不過，對於小坪數的房子來說，也許不是那麼適合。一般客廳的寬度多在 3 公尺以上，如果客廳陽台深度 3 公尺，那麼陽台面積最少就是 9 平方公尺，是 2.7 坪。試想，如果房子的室內坪數只有 10 多坪，陽台卻佔去將近 3 坪，說不定比房間還大，偏偏台灣不是實坪制，陽台也是按坪數花錢買的，越小坪數的房子，陽台比例越顯得大，會感覺越不值得，所以高雄厝陽台，還是比較適合中大坪數的房子。

最後我在左營、鼓山、三民、苓雅都看了一些預售案和中古屋，在看完數十個高雄建案後，對於建商的品味也有了一些看法。高雄本地建商蓋出來的房子，風格其實滿一致的，都屬於「高調奢

華風」。如果不是聘請國外設計師，本地建商設計的房子，社區公設除了鑲金包銀的華麗感之外，還特別重視 KTV 包廂和麻將房，論空間尺度和裝潢風格，都是我在台灣其他地區不曾看過的金碧輝煌。總之，你會覺得自己走進了金錢豹，或許這樣的風格是高雄在地口味的主流？

而外地建商蓋的房子，風格就比較多元，有日式無印、美式簡約、現代時尚，也有低調素雅。所以在高雄買房，如果你在意設計風格，可以注意一下建商來自哪裡，以及設計師的背景，每個建商的設計風格通常都會有基本的一致調性，因為這也是品牌形象塑造的一環。

我目前並沒有在高雄置產，但是對於高雄的產業發展還有房價升值的空間是滿樂觀的，2022 年，台南的房價已經追平高雄，有些地區甚至比高雄還貴，這代表的是，高雄的房價基期還在偏低的水位，未來房價推動的力道，關鍵會來自於台積電能否在高雄順利設廠，可以再持續觀察。

如果你是高雄人，有自住需求但還沒有買房，我會建議趁 2023 ～ 2025 年房市相對冷淡的時間積極出手，等到下一波房市再起，恐怕你會更埋怨自己沒有盡早買房，未來更買不起。

6.

台南買房，
我這樣選

　　我對台南的印象一直是「很好吃」。回台灣定居後，幾乎每年都會造訪台南，隨意走進街頭巷尾的小吃店，幾乎很難踩雷，每一家都有自己的特色，彷彿人人天生都是廚神，要做出難吃的料理簡直困難。

　　而咖啡店是我每到一座新的城市必定造訪的地方，因為咖啡店是一座城市的縮影，是最容易感受地方文化的所在，每一間獨立咖啡店都是個人品味的展現，而群體的咖啡文化，則體現了當地居民的生活風格。所以我可以藉由一座城市的咖啡店們，來理解當地的風俗民情，判斷這座城市是不是自己喜歡的樣子。

　　台南的店主人們大概是全台灣最有個性的，他們會以自己最舒服的生活方式來開店，而不是以賺錢為第一，生意是圍繞著生活展

開，而非為了生意去過活。所以舉凡餐飲口味、營業時間，從不迎合客人，只呈現自己心目中最有品味的樣子。這種個性化風格不只是咖啡店，各式各樣的小吃店都是。

有一次我隨性在路邊找了間小吃店坐下來，點了一碗麵和幾道小菜，老闆除了上菜，還熱情地端出一盤辣椒醬，神采飛揚地說：「幫我試試看！這是我剛剛調出來的，我正在實驗新口味！」那種對生活的熱情，和匠人一心追求極致的精神，我特別能在台南感受到。

在台南市中心，不太會看到像台北或高雄那樣高聳又現代化的摩天大樓。大量的就業人口是依賴外圍的科技產業園區，市區反而才是生活的地方，因此市區以自營店家和服務業為主。如果你在晚高峰的下班時間在路上觀察，會發現大量車潮是從快速道路、高速公路湧進市區，他們是從周邊的產業園區或廠區下班，要回到市區裡的家。這和台北經驗是完全相反的，台北人總是在早高峰湧進市區、晚高峰離開，大量上班族是在市中心上班，但居住在新北或是桃園。

我在觀察台南房市的過程中，聽到許多人說：「南科上班的人怎麼可能買市區的房子住！想投資當然要買善化、買新市！」但如果真的像我一樣，花時間站在路邊觀察車潮不同時間的動線就會明白，南科有非常多的上班族都是選擇通勤，住在市區。

南科人到底會不會買市區的房子？答案是「看職位」。收入越

高的主管，因為擁有更彈性的上下班時間，通勤的塞車問題比較不是他們的顧慮，加上收入越高往往越追求生活品質，市區才有成熟的生活機能和娛樂休閒，小孩的就學選擇也比較多，不少高階主管選擇在安平買房。

也有些人會選擇當「週末夫妻」，讓家人住在市區，小孩在市區較好的學區就讀，但在離園區較近的地方另外租個單身套房，平日就在這裡休息，週末則回到市區陪家人。選擇在善化或新市買房自住的，多是因為沒有彈性上下班時間，又或者單身沒有家累，不想花時間通勤，比例上反而是比較少的。

所以如果今天以投資的想法來買台南的房子，我還是那句話，蛋黃區才能抗跌保值，那該怎麼定義蛋黃區？「多數人買房選擇的區域」，將來脫手不怕找不到買家，熱門區域房價也才保值。台南具備這樣條件的地區，首選是「永康」、「東區」和「北區」，這三區都是生活機能已經非常成熟的區域，同時也是南科通勤動線進入市區的第一站，租房和買房需求都有足夠的支撐。至於安南，文末再補充我的看法。

而自住的思考，則與投資完全不一樣。我在全台灣尋找宜居之地時有個癖好：「必須看得到海。」我是個扎扎實實的「水岸控」，看不到大海，至少給我看江河，沒有江河，最差也給我一畝池。

既要在水岸邊、又要位於都市蛋黃區，沿著整個台灣的西部海岸線看下來，八都也只剩台南和高雄了，也就是台南的安平區和高

雄的亞灣新區。在前一篇高雄看房的章節中曾提到，亞灣新區我不是沒有心動過，無奈的是那裡的新建案坪數都是標榜超級豪宅的超大坪數，所以，終極的理想水岸宅，就只剩台南安平有機會了。

談到安平，大部分人的印象可能是「億載金城」、「安平古堡」、「安平樹屋」、「安平老街」等觀光景點，而且街景復古懷舊。事實上，安平分為南北區，以運河為界，北安平又稱舊安平，是上述大家記憶中的觀光景區；而南安平稱為新安平，則是台南本地人的生活區，而且是政府規劃打造出台南綠地公園最密集的優質生活區，同時也是市政中心所在地。

南安平在 1979 年的第五期市地重劃後，成為台南最大的重劃區，市政府和議會也在 1997 年遷到這裡，發展至今已經是生活機能非常成熟的地區。近年，又繼續往南發展，在緊鄰漁光島的水岸線一帶規劃出國平重劃區。也就是說，在台南安平要能看到海的水岸第一排，就是國平重劃區。

我第一次到台南看房是在 2021 年 3 月，當時台南的房價和現在比起來，仍是在基期相對低的狀態，一線品牌的豪宅，單價也只有 25 萬元左右，頂級建商 100 多坪的房子總價在 2,500 ～ 3,000 萬元。這樣的價格在台北只能買小套房，對於在台北市被高房價摧殘多年如我的小中產來說，簡直是人間天堂（看看我們的價值觀被弄得多扭曲）。

所以我第一站就專攻國平重劃區水岸第一排的房子，在地知名

豪宅建商在這裡推出了 100 多坪的景觀宅，我也衝著建商口碑，抱著朝聖的心情去看房。當時已經是成屋，也有實品屋可以參觀，但我看完卻非常失望。景觀宅最珍貴的就是面寬，我心目中的豪宅必須要有尺度寬闊的大氣客廳，但這個建案為了將朝南看海的景觀面切割給多戶，每戶又再切割給客廳和臥室，最後的結果是客廳面寬窄小，變成狹長型的房子，形成暗廳，失去了豪宅的氣勢。

後來也看了其他幾個國平重劃區外地建商的案子，但始終沒能下定決心，最主要的考量還是擔心海風長期侵蝕對房子的傷害。海景第一排固然誘人，但犧牲的便是房子的折舊率，這一點讓我很猶豫。有的案子我看了兩次，時隔只有幾個月，發現外牆已經比上次來看時有些斑駁，折損率相當驚人。此外，國平重劃區目前的生活機能尚未成熟，出入都需要開車到五期採買，旁邊的多處空地未來開發方向也尚未明朗，前景究竟如何，我認為很難預料。

後來我放棄了對於海景第一排的執著，選擇退到離海岸線遠一點點，但生活機能成熟的五期，發現高樓層一樣能看到海，卻不必擔心海風第一排的侵蝕。一年之後，我很慶幸自己的選擇，因為國平重劃區最外圍的海岸線，代銷口中信誓旦旦說是永久視野不會興建的地，竟然半路殺出了遊艇渡假村造鎮計畫，而且在一年之內就興土動工，未來國平南路不再是海景第一排，會有很大一部分的視野被渡假村的高樓層住宅給遮蔽。

此外，國平現在有大半的土地被開發成小戶型住宅，也有其他

建商擔心豪宅銷售速度太慢，改規劃為大小坪數混居的超大戶數型社區，這些建案將全面改變國平重劃區原先幽靜的氛圍。如果我是這裡豪宅的屋主，會非常擔憂房產未來的保值性，不過尚未決定開發方向的南紡那幾塊地，也會成為影響未來國平發展樣貌的關鍵。

　　至於安南九份子重劃區，因為緊鄰北外環快速路，未來興建完工後可以加速通勤到南科，所以買房討論度很高。我也實際看過幾個這裡的預售案，當時的開價來到 33 萬元左右，而在半年前，也不過才 18 萬元，明顯已經被炒作過度。當時生活機能成熟的北區也才 30 萬元，安平只有 25 萬元，一個什麼都沒有的新興重劃區竟能開到 30 多萬元，顯然已經溢價太多。九份子還有大量土地尚未興建，可以預料未來賣壓沉重，二手賣家和建商彼此競爭，如果在當時以 30 多萬元的價格入手，面對房市開始下行的階段，恐怕這個套牢會持續很多年。而因為生活機能不佳，這裡不會受租客青睞，持有期間也難以出租收益，所以即使以投資角度，我也完全不會考慮這一區的房子。

7

投資買房，
該怎麼挑？

　　我常常說，自住和投資的思考不一樣，不能混在一起談，如果你想買的是一間「自住兼投資」的房子，恐怕你根本沒想清楚自己要什麼。

　　自住的考量是「喜歡」為第一要件，要符合自己的生活動線、居住習慣、學區考量，甚至是景觀條件，決定過程是感性的。但投資的考量只有一個，那就是「投報率」。自己喜歡與否不重要，租客喜歡才重要，一切決定必須理性。

　　所以一旦你有了自住的想法，首先在「價格」上就不理性了，我喜歡！所以不管了！但這樣的結果，一定會導致出租投報率不佳。因為投資要有報酬率的關鍵，就是夠低的取得成本，但是便宜的房子，可能有你作為自住不喜歡的缺點，你在喜歡和價格之間不

停來回拉扯，最後挑出來的房子，一定會模稜兩可，兩邊不討好。

自住是每個月從你口袋掏錢出去付貸款，現金流是負的；投資是每個月有租金滾進你的口袋，現金流是正的。自住可以說是完全性的「負債行為」，有租金收益才能說是投資。所以，兩種置產行為本質是衝突的，你一定不能混在一起考慮。投資就是投資，一切用租客角度去思考！自住就是挑喜歡的，不要扭扭捏捏還想要獲利。除非你錢太多，說的投資是買來閒置，增值後再看要不要賣，那你大概也不會需要讀這本書了，愛怎麼買都行。

想清楚了，先把自住放在一邊，我們再接著談，什麼樣的房子才好租。

	自住	投資
考量要素	生活動線、居住習慣、學區、景觀	投資報酬率、好不好租
財務影響	現金流出	現金流入

純粹理性的投資考量，有兩個重點：「投資報酬率」以及「好不好租」。房價與租金行情，在網路上就能做調查，但這是理想，空有行情卻沒有市場的話，房子找不到租客，投報率都是空談。接下來我要用多年包租經驗告訴你，想要秒租的的房子，需要具備哪些條件。

🏠 一、投報率的計算

「租金投報率」是決定一間房子值不值得投資的關鍵，而租金投報率牽涉到買房的取得成本、裝潢費、租金價格、以及持有房子的成本。

$$\text{毛租金投報率} = \frac{\text{年租金收入}}{\text{買房總價}} \times 100\%$$

$$\text{淨租金投報率} = \frac{\text{年租金收入} - \text{空置期租金} - \text{管理費} - \text{維修費} - \text{稅費}}{\text{買房總價} + \text{裝潢費} + \text{各式規費}} \times 100\%$$

$$\text{現金投報率} = \frac{\text{年租金收入} - \text{空置期租金} - \text{管理費} - \text{維修費} - \text{稅費}}{\text{頭期款} + \text{裝潢費} + \text{各式規費}} \times 100\%$$

通常我們在快速計算一間房子的租金投報率時，會採用「毛租金投報率」，以方便快速評估。而如果要細算到扣除掉各項費用之後，真正落入你口袋的錢，就還要把空置期損失、每年管理費、維修費、還有稅費等「變動性費用」，以及裝潢費、各式規費等「一次性成本」都放進來一起算。

招租時的空置期，我通常保守抓每年一個月。管理成本指的是，如果你把房子交給專業人士管理，像是包租代管公司，或者委

託仲介出租,那麼就要把委託的服務費、代管費都加進來計算。維修成本,在我經營的出租公寓裡,都以每月 1,000 元來概抓,有時難免有些小東西的損壞,真正發生的維修費通常比這個少,偶爾才會出現一次設備類的故障維修導致超過這個金額,所以每年 12,000 元是夠的,除非你的房子實在太破爛,設備都太老舊而沒有進行汰換。而規費指的是,買房仲介費、代書費、預售屋暫收款等支出。

在台灣,目前毛租金投報率一般認為有 3% 就算不錯的表現,也就是說,總價大約是年租金的 33 倍。

按照這個算法,也許你會納悶,台灣現在租金投報率這麼低,為什麼還是有很多人會選擇投資買房?答案是,許多投資者在計算投報率的時候,使用的是「現金投報率」的算法,只看「付出去的現金」,而不看房屋總價。假設 1 千萬元的新房子,頭期款含規費是 200 萬元,不需要裝潢費,年租金收入扣除上述的變動性費用後是 30 萬元,若按淨租金投報率來算,投報率只有 3%;但改以現金投報率算法,會變成 15%,投報率一下子提高為 5 倍,投入的 200 萬元現金也只需要六年多就可以回本,接下來只是每月租金能否打平房貸的問題,然後就可以養著一間未來房價會增值的房子。

而有一些職業投資客的算法,則是按租金投報率大概抓 2%,再加上預估每年房價增值 3～5% 來作為投報率的基礎,所以認定的毛租金報酬率是 5～7%。在計算現金報酬率的部分時,則以 1 比 5 的槓桿率,來放大投報率。例如 1 千萬元的房子,以總價來

看毛租金投報率是 5 ～ 7%，但因為實際只有拿出五分之一的現金 200 萬元，因此現金投報率會乘以 5 倍，變成 25% ～ 35%。

但不管以上哪種算法，都還沒有考慮到房貸的成本，你可以看到沒有一個公式中包含了貸款利息的成本。所以實際上，即使是以表現較好的現金投報率來看，實際的投資報酬應再扣除貸款利息 2 ～ 3%。至於為何不考慮本金的部分，則是因為職業投資客多半積極使用「寬限期」，即使一家銀行給的寬限期到期，就再轉貸到另一家重新申辦，取得新的寬限期，因此在寬限期間，只需要支出利息，不需要償還本金。

而轉貸之後，通常會伴隨著「增貸」，若房價為上漲，銀行重新估值後，會願意再次就增值的部分貸款下來，於是這些錢，可以再拿去轉投資利用。這就是為何說，房產是最好的理財工具，因為沒有任何一項金融商品能像房地產一樣容易說服銀行借錢。

只不過，寬限期、轉增貸這些手段，在近期央行對於信用管制越趨嚴格之後，已經無法像過去那樣短期內任意操作了，2021 年 9 月 24 日起特定地區第二戶無寬限期、2021 年 12 月 17 日起不限地區第三戶以上限貸 4 成，也一律無寬限期；2023 年 6 月 16 日起又增加了特定地區第二戶限貸 7 成的規定。而在轉增貸的部分，規定三年之內僅能就已經償還的本金再增貸，但不能超過原先核貸成數的上限；且增貸、信貸的資金用途，不能流入購置房地產，要求銀行做二次金流審查，若發現使用用途與當初申請目的不符，會啟動

「加速還款」機制，把錢收回去。

　　加上現行的房地合一稅制，二年內轉售獲利課 45% 重稅、三～五年課 35%，只有超過五年才會降到 20% 以下。所以現在要投資買房，一定要視為是長期置產，短期炒作會承擔非常高的資金風險。

　　而作為長期置產收租，投報率只是評估的參考之一，還是必須踏實的去計算每月的現金流，即使現金投報率高達 10% 以上，但落實到現金流，還是必須面對每月要實打實的繳房貸出去，實際留在口袋的，是租金收入扣掉房貸後的錢，究竟是還有剩？還是要多掏錢？

　　那麼該如何謹慎控制每月房貸不要高於租金收入，才不會導致還要多掏出現金增加了支出的負擔？你需要先了解區域的租金市場行情，然後按照第二章〈可以買多少錢的房子，怎麼算？〉教大家的評估方法來計算，將每月預期租金收入設定為你可負擔的房貸上限，套入公式，就可以得出在這個區域投資，應該買多少錢以內的房子。

　　舉例來說，如果每月租金行情約是 2.5 萬元，那麼可以算出房價必須壓在 845 萬元以下：

25,000 ÷ 3,700 X 1,000,000 ÷ 80% = 8,445,945

　　如果這是你第二戶的貸款，房子又是落在雙北市、桃園市、新

竹縣市、台中市、台南市、高雄市這八個地區，根據最新的特定地區第二戶限貸令，最多只能貸到 7 成，因此公式要變為：

$$25,000 \div 3,700 \times 1,000,000 \div 70\% = 9,652,509$$

可買總價變高，但這是因為貸款成數變低，也意味著手上的自有資金要多準備一成，這也連帶會降低了你的現金投報率。

而在評估租金時需要注意，根據我經營包租的經驗，台灣目前主流的租屋市場租金行情天花板大約是落在 4 萬元，租金超過 4 萬元的房子，租客會變得小眾，空置期也會拉長。如果用一般認知的毛租金投報率 3% 來回推房價，你會發現，年租金收入 48 萬元除以 3%，相當於買房總價不能超過 1,600 萬元。所以你想投資出租，要鎖定在這個總價以內的房子，才是值得考慮的物件，嚴格一點說，1,600 萬元還要包含了裝潢成本。如果因為買房或裝潢成本偏高，想藉由提高租金來維持投報率，你的出租難度會變得越來越高，因為你的租客已經跳出了主流客群，進入高端市場，於是待租期會變得很長，人家三天就租掉，你卻花了三個月。奉勸新手不要輕易挑戰，房子一直空著租不掉，一邊要付房貸，對資金會造成很大的壓力，很可能會迫使你賠售為求解脫。

另外，這裡說總價不要超過 1,600 萬元，是指這樣才有機會創造 3% 以上租金投報率，但並不代表你買了 1,600 萬元的房子，就

能用 4 萬元租出去，租金要根據當地市場行情，屋況、地點、是否有嫌惡設施等，也都會影響租金價格。會建議大家還是保守一點，鎖定租金行情 2 萬～ 3 萬 5 千元區間帶的房子，會是比較主流的出租產品，買房的總價控制在 800 萬～ 1,400 萬元，比較不會造成資金上太大的壓力，當然如果你能買到更便宜的房子又還是能創造好的租金收益，當然投報率會更漂亮，不過這就牽涉到更多關於屋齡、選址、空間規劃、裝修成本控制等等的問題，我後面也會一一說明。

房價急漲，但租金的漲幅不會像房價一樣又陡又急，因為租屋市場的供給有很大比例是中古屋，越老的房子屋主持有成本越低，這些屋主出租房子並不以租金報酬率為最重要的考量，主要是有人照顧房子就好，租金便宜一點無妨，因而市場租金價格難以拉抬，租金越漲，越只是把租屋族推往更舊的房子靠攏罷了，高租金的房子空置率只會更長。

所以這裡帶出了一個影響買房成本的變數，就是「屋齡」。

如果討論投資出租要買新房子還是中古屋，我會說各有利弊。新房子貸款成數較高，自備款較低，且裝修所需成本也較低，因此從現金投報率來看，投資新房子會獲得比較好的投資報酬率。但是老房子總價較低，所受到的裝修法規限制也相對比較寬鬆，像是老公寓或華廈沒有管委會的情況，比較有機會藉由空間再造的分租形式，去提高租金收益。所以如果你很懂得規劃空間，買老公寓改造後收租，是有機會創造出高於新房子的投資收益。

但你也必須考慮後續的修繕管理問題，老房子會帶來許多隱形的裝修成本，比較適合修繕高手，或是不怕麻煩的人。如果你問我個人會怎麼選，我還是寧願選擇新房子，正因為我懂裝修，也修繕過無數老房子，才知道老房子的處理有多麼麻煩。

　　我有一間台北市五十年的老公寓，原來房型是 3 房 1 衛，屋況老舊，如果直接出租，租金行情是 2 萬 5 千元左右。而透過重新翻修後改為 2 個單元的 2 房 1 衛，兩個單位出租後的租金收入來到 5 萬元。這是老房子如何透過空間規劃提升租金收益的例子之一，但也因為這次的經驗，我反而奉勸大家不要輕易嘗試投資老房，因為到現在我還是每隔幾年就要反覆處理難解的漏水問題，都更也不是輕易就能成功，隱形的修繕成本是十五年以上房子都一定要考慮進去的，我認為花錢是一回事，浪費的時間成本才是貴，想要安心收租，屋況好的新房子比較能讓你睡好覺。

　　另外，出租房子是一門專業，我強烈建議你把房子委託給專業的包租代管公司打理，你才能真的享受當房東的好處，而不是整天被租客的瑣事絆住。會這樣說，是因為我見過太多的房東低估了這件事的難度，又捨不得付給管理公司服務費，嘗試自己招租自己管理，結果幾乎都是很快就後悔。

　　我認識一位醫師，在台北市精華區買了房子後花了一些錢整理，打算自己招租，結果才帶看三天就受不了。因為來的租客不是要求東、要求西的家庭，就是說要朋友合租又讓他覺得不放心，他

是醫師忙得要死，住的地方離這裡又遠，每次帶看就花掉他半天的時間，實在是浪費他的時間價值，最後再三拜託我幫他接手處理。

　　還有一位屋主，想說自己的房子都裝修的漂漂亮亮了，哪會有什麼問題，招租也很順利，才帶看一組租客就租掉了！沒想到，租客才住進來第二個月，就開始拖欠租金，又整天跟鄰居吵架鬧事，後來花了好大的力氣走法律程序才把對方趕走。接下來他找上我，說他這輩子再也不會把自己的人生拿來跟租客耗，還是交給你們這種專業的公司吧！拜託不要煩我！

　　租客篩選、報修處理、法律知識，都是出租房子的知識內涵，租房管理真的不是發個廣告簽個合約這麼簡單的事。租房糾紛十之八九都是出現在個人房東與租客，這通常是由於房東與租客對於法律的認知不足，加上對彼此期待的落差。包租代管公司的出現，就是為了消弭雙方之間的代溝，讓租客和房東都可以過著自己想要的生活。

　　所以身為房東的你，買房只是想要安心收租，我真心不推薦你自己管理房子。但如果你還是想要自己嘗試，建議你先耐心讀完我的另一本著作《不買房當房東》，可以幫助你對於租房管理有進一步的認識。

🏠 二、裝潢的原則

　　大部分人在計算毛租金投報率的時候，並不把「裝潢費」列入成本，但在我的算法裡，不論是毛租金投報率還是淨租金投報率，我都會把裝潢費列為影響租金投報率的變項，因為這是你買房的時候除了房價之外最大的一筆支出，而且會舉足輕重的影響你的投資效益。這也是為什麼在前面篇幅我提到，投資客裝修的房子你不能期待比照自住等級，因為裝潢費過高會大幅降低投資報酬率。

　　作為出租房子的投資人，你必須謹慎的控制裝潢成本，但這並不代表提供給租客的必須是差勁的房子，如果你選材選得不好，三不五時就出問題需要修繕，租客是住不久的，這也終將會影響你的出租表現。所以投資出租的裝潢，追求的是 CP 值的極大化，善用替代建材，去創造出空間的生活感。用低成本打造出吸睛的居家環境，這是作為房東需要追求的目標，也需要不停吸收關於裝潢的知識。

　　出租房子的裝潢費拿捏，我會建議三十年以上老房子不超過房價的 10%，較新的房子則可控制在 5%。如果你覺得很難，回頭去算算提高裝潢費後對你的租金投報率的影響吧！多算幾次，你就會比較理智。

　　如果你覺得做不到，歡迎參看《不買房當房東》，裡面有很大的篇幅分享我怎麼用 30 萬元完成一間 30 坪老公寓的翻修，雖然是

從二房東立場在成本控制上比屋主更嚴格，但還是提供了一些省錢的技巧。

🏠 三、房間數量

投資買房，選套房、2房、3房，還是更大坪數好？先賣個關子。

套房

套房總價比較親民，對於新手來說進入門檻比較低，似乎是個不錯的選項。但是很多人忽略，除非你在超級黃金的地點，否則大多數情況，銀行是不喜歡貸款給低於 15 坪的套房的，成數大約只有 5 ～ 6 成，也就是你準備的自備款其實是更多的。500 萬元的房子如果不到 15 坪，自備款要準備 250 萬～ 300 萬元，但如果 500 萬元是超過 15 坪的 2 房，你的自備款只需要 100 萬～ 150 萬元！

套房會花掉你更多的現金，這些現金原本可以拿去做更好的利用，從財務角度看，買套房的「資金利用率」表現是最差的。

再看「槓桿率」。假設你手上的自備款是 200 萬元，買套房只能買到 400 萬元的，但是鎖定坪數大一點的，卻可以買到 1,000 萬元以上的房子，還記得我們說過成屋槓桿率是 5 倍、預售屋是 10 倍嗎？

因此作為第一間投資的標的，低總價的套房可以獲得一定的租

金投報率，但是一定要考慮資金利用率和槓桿率的問題，選擇 15 坪以上的房子，才能確保貸款成數夠高。

3 房或以上

你一定知道，我們現在面臨少子化，家庭以兩夫妻加一小孩的小家庭為主，所以，越大的房子越少人租。現在 4 房以上的房子，只有我們這種做 Shared House 的包租公司會承租，因為只有我們願意承擔大坪數的租金，然後以分租房間形式經營，讓租客可以用一個房間的租金價格就住到大坪數空間，除此之外，已經沒有人口夠多的家庭會租大房子了，豪宅市場除外。

其次，越大的房子，也會帶動總價越高，一不小心就會突破我剛才說的 1,600 萬元的上限。再加上，現在不停推升的租金，小家庭在租房的選擇上，為了節省開支，會考慮空間的 CP 值，非必要不會選擇 3 房，2 房就夠了。

4 房以上是找不到一般租客的，3 房還是會有家庭承租，或是朋友合租，不過，要非常嚴格控制買房成本。

2 房

2 房的租客除了小家庭以外，還能同時納進情侶、朋友合租，受眾最廣。許多年輕的租客，礙於租金壓力，卻又不想犧牲空間住套房；想住大房，又不希望人多太複雜，一個朋友恰恰好，分擔 2

房租金很 ok。

所以，目前市場最受歡迎的租房產品，是 2 房戶型。而 2 房的總價價格帶，也是買賣市場的主流產品，未來要脫手也是最容易的。如果你手上有一筆預算想投資買房，買一間大 3 房的頭期款，不如拆成兩筆買兩間二房，投資回報會更高。

猜對了嗎？**投資買房，「2 房」是首選，3 房要注意控制總價。**

🏠 四、地點的選擇

前面說了各種投資出租的評估角度，但如果地點選錯，一切都白費，沒有租客，一切免談。雖然我們也會說：「沒有租不掉的房子，只有租不掉的價格」，但是別人三天就租掉，你卻招租了三個月，沒差嗎？空置期的損失，比你降價的損失還高。降價就能租掉算事小，就怕你降到繳不起房貸了還是找不到租客。

出租房子的地點挑選，有三個最重要的關鍵要素，遵循以下原則來挑地點，才能在出租市場立於不敗之地！

出租房地點選擇

	三要素	原則
1.	選城市	有當地就業人口支撐的城市
2.	看交通	雙北市距離捷運步行時間 8 分鐘以內；其他地區通勤族車程 30 分鐘以內
3.	挑區域	已具備成熟的生活機能

選城市──有當地就業人口支撐

回想一下，身為租屋族的時候，你為什麼會租房子？一定是因為初來乍到異地工作，才會租房子。所以，一個城市有沒有租屋族，就看本地提供的就業機會是否夠多，多到本地人就業還不夠，需要向外引進人才，這時就會帶動蓬勃的租房需求。外地人越多的地方，代表租屋人口越多，這是租房市場不變的鐵律。

台灣只有八都範圍，也就是雙北市、桃園、新竹縣市、台中、高雄、台南這些城市，才有足夠的就業人口支撐租房市場，其他地區投資出租需謹慎考慮，較難找到長期穩定上班租屋族群。某些地區的租房較適合短租或民宿形式，特別是觀光導向的旅遊城市，但短租或民宿經營難度比長租高非常多，這就屬於另一門專業了。

看交通——雙北與其他地區不同

在房屋買賣的交易市場，考量房產的保值性，大家都會建議選擇「蛋黃區」而非蛋白或蛋殼區。蛋黃或蛋白其實是相對性的概念，可以是舊市區和新市區的分別，也可以是人口密度高和人口密度低的分別，其實還滿抽象的。

但其實，在租房市場，蛋黃和蛋白沒有那麼絕對。

舉例來說，大家都說台北市是蛋黃區，新北市相對之下屬於蛋白區，可是從租房角度進一步從區域來舉例，台北市的北投區還不如新北市的板橋區，因為北投本地缺乏就業機會，在市中心上班的通勤族又覺得北投太遠，缺乏到當地租房的動機；而板橋除了因本身是新北第一行政中心，自帶就業人口，還有大量從台北市捷運藍線外溢的通勤族在這裡租屋。所以在租房的世界裡，不能以單純蛋黃、蛋白來做為地點的篩選。

出租房要從「**通勤族下班後都住哪裏**」的動線為考量，雙北市有許多租屋族是沒有自備交通工具的，仰賴大眾交通系統，所以在雙北市選擇靠近捷運站的房子，會比較有出租的優勢。而其他城市因為通勤還是以汽機車為主，是否靠近捷運站相對來說並不那麼重要，但是如果車程超過 30 分鐘，租房意願會大幅下降，30 分鐘是一般上班族對通勤時間忍受的上限。

再舉一個例子。台南永康區，並不是傳統定義的市區，但卻是台南人口最多的區域。除了早期眷村、工業區為人口打下基礎，從

2015 年到 2019 年短短五年間，就有 4.5 萬的外縣市人口移入永康。大家為什麼都要住這裡呢？「交通的便利性」和「生活機能成熟」佔了重要的因素，永康緊鄰國道 1 號，聯外交通方便，所以吸引大量南科上班族入住，除了買房需求旺盛，租房也不遑多讓，畢竟不是每個剛進入南科的上班族都能馬上買房。

這也是一個「非傳統蛋黃區但租房人口密集」的案例，當然，南科帶動的買房租房需求，不只限於永康區，別忘了「通勤時間 30 分鐘範圍」的原則，符合這個原則的地點，都是可以考慮的範圍。

但除了考慮通勤動線，還有一個非常重要的條件，是影響租房意願的關鍵，就是以下要談的「生活機能」。

挑區域──已具備成熟的生活機能

對租客來說，決定租一間房子除了考量通勤動線，最重要的就是「生活機能」，生活機能越成熟的地方，才越容易找到租客。

買房的人，可能會因為預算限制，去買蛋白蛋殼的新興重劃區，越早進場越有價格紅利，買到便宜，即使生活機能還不成熟，做什麼事情都要開車到遠一點的地方採買，但是因為房價便宜，我願意忍受。不過，租房的人可不這麼想，新興重劃區都是新房子，租金價格不見得比舊市區裡的中古屋便宜，我還要忍受生活的不便，權衡之下就會更傾向選擇住在生活機能成熟的地方。

再者，新興重劃區的房子推案量大，點燈率卻低，有大量的空房待售，不論賣家是第一手的建商，還是第二手的投資客，都會想在賣不掉的時候先出租賺現金流，此時不論賣房還是出租房子，都面臨極大的賣壓，也就是競爭對手超多！房東多，租客少，你認為房子好租嗎？

我曾經在淡海新市鎮二期租過一間上千戶社區裡的房子，當時是房市冷淡的時候，已經交屋了一年，建商還有大量餘屋沒有賣掉。所以，我的房東不是個人屋主，是建商，而且他開的租金價格，比個人屋主還要便宜！所以買了這個建案想出租投資的屋主，想必無語問蒼天。雖然我違反常識的去租了一個沒有生活機能的地方，但我也是因為受不了交通和生活不便，才半年就搬走了。

如果你口袋夠深願意等，陪著這個區域生活機能成熟起來，又可以放任一間房子空置十年，再考慮投資新興重劃區的房子吧！想要有穩定的租金收入，一定要挑已有成熟生活機能的生活圈。

本章重點筆記

1. 創造移動生活的能力，就不必被高房價綁架，實現自己的移居自由。

2. 雙北市的房價租金比超過 40，租房非常划算，不需要覺得委屈。

3. 台中建案是全台灣性價比最高的，豐富的住房軟服務也是獨樹一格。

4. 高雄建商群雄割據，資訊比較混亂，要更花心思挑選建商。

5. 自住還是投資要分開思考，沒有所謂自住兼投資的房子。

6. 投資出租要掌握「1,600 萬元」成本控制原則。

7. 投資出租首選 2 房，太大、太小坪數都不適合。

8. 不論自住還是投資，買房區位要挑「潛在買家最多」的地方，才相對保值。

9. 投資出租選城市：具有當地就業人口的城市，八都以外都不適合。

10. 投資出租看交通：要落在通勤族的交通動線車程 30 分鐘內。

11. 投資出租挑區域：必須具備已經成熟的生活機能，新興重劃區不適合。

表格下載區

掃描 QR Code 後要求存取權，收到 Email 開通通知就可以下載使用 TODY 的個人財務報表模板囉！

檔案是由 Google Sheets 製作，記得要在設備上先登入你的 Google 帳號喔！

買房，也買自由
小資族的財富翻身之路

作者 —— Tody 陶迪
設計 —— 張巖
副總編輯 —— 楊淑媚
校對 —— Tody 陶迪、連玉瑩、楊淑媚
行銷企劃 —— 謝儀方

總編輯 —— 梁芳春
董事長 —— 趙政岷
出版者 —— 時報文化出版企業股份有限公司
　　　　　 108019 台北市和平西路三段二四○號七樓
發行專線 —— （02）2306—6842
讀者服務專線 —— 0800 - 231 - 705、（02）2304 - 7103
讀者服務傳真 —— （02）2304 - 6858
郵撥 —— 19344724 時報文化出版公司
信箱 —— 10899 臺北華江橋郵局第 99 信箱
時報悅讀網 —— http://www.readingtimes.com.tw
電子郵件信箱 —— yoho@readingtimes.com.tw
法律顧問 —— 理律法律事務所　陳長文律師、李念祖律師
印刷 —— 勁達印刷有限公司
初版一刷 —— 2023 年 7 月 21 日
初版六刷 —— 2024 年 8 月 16 日
定價 —— 新台幣 380 元

時報文化出版公司成立於一九七五年，並於一九九九年股票上櫃公開發行，於二○○八年脫離中時集團非屬旺中，以「尊重智慧與創意的文化事業」為信念。

買房，也買自由 /Tody 陶迪作 . -- 初版 . -- 臺北市：
時報文化出版企業股份有限公司，2023.07　面；　公分
ISBN 978-626-374-046-4(平裝)
1.CST: 不動產業 2.CST: 投資
554.89　　　　　　　　　　　　 112010500